不動産政策研究
総論
不動産政策概論

不動産政策研究会 編

東洋経済新報社

まえがき

　不動産適正取引推進機構は、今から34年前の1984年（昭和59年）4月、当時の建設大臣（現：国土交通大臣）の許可を受け、民法第34条に基づく財団法人として発足しました。

　機構は、不動産取引に関する紛争の未然防止を図り、また、その適正かつ迅速な処理を推進し、もって消費者の保護と宅地建物取引業の健全な発展に寄与するということを目的とし、種々の事業を行っております。

　具体的には、機構においては、①不動産取引紛争のうち、今後の先例となるべき案件につき紛争処理委員による調整・仲裁を行うこと、②民間からの電話相談を受け付け、適切な助言を行うこと、③専門学者等による不動産取引紛争事例等調査研究委員会における判例等の研究と検索システムの整備等を行うこと、④各都道府県宅建業法所管課等との連携による現場の実態把握・情報交換、処分事例の分析等を行うこと、及びこれらと併せて、機関誌「RETIO」その他出版物の発刊等による広報・情報発信、各種団体の研修会への講師の派遣を通じて、消費者・事業者の方々への貢献に努めて参りました。今後ともこれらの基幹的な業務を通じてさらに社会に貢献できるよう努めていきたいと考えております。

　さらに、そもそも不動産は、生活や生産の手段として最も重要な財であり、その取引の安全・安心のみならず、市場の活性化を図ることが重要であり、そのための研究を、産学官が連携して取り組むことが大変有意義なことであると考えています。また同時に、環境の変化が進む不動産市場における様々な課題に的確に応えて、消費者、宅地建物取引業に関わる事業者の方々が、それぞれの立場で安心して取引、事業を行っていくためには、従来の枠組を超えて、法律学、経済学、工学、建築学、国際関係、環境学、健康・福祉政策、金融政策等の幅広い観点から、分野横断的なアプローチによって、直面する課題に的確に対応することが求められていると考えます。

このため、近年機構においては、産学官の結節点として、現代の不動産取引における課題等を各界の専門家や実務家の方々とのネットワークを活かしながら的確に把握・共有し、不動産取引についての総合的な情報発信機関としての役割を担うことに努めております。

　具体的には、2009年（平成21年）に機構に「不動産経済分析研究会」を設置することから始めて、その後4つの「不動産政策研究会」※を設置し、不動産政策の各分野（法律学・経済学・都市計画・建築・行政学・金融政策等）の有識者・専門家を招いて、学際的な視点から、不動産市場で発生している現象・課題、今後の不動産政策のあり方等について議論・研究を進めて参りました。

　今般、10年の節目を迎えて、これまでの不動産政策研究会における研究活動を一応整理することとし、不動産分野における政策課題への対応のほか、消費者・事業者間の取引の安全・安心の向上、不動産市場関係者による消費者サービスの拡大、業務の効率化等のヒントとなる内容を共有することを目的として、不動産政策研究会として、本書『不動産政策研究』の出版を行うこととしました。あわせて、機構の様々の企画に際してお示しいただきました専門家の方々の関連する論稿を収録することにいたしました。

　今回の書籍化・出版を通じて、不動産取引・不動産市場に関わる産業界関係者、学界・研究者、官界・政策立案担当者、消費者・関連団体、弁護士等専門家らとの間のネットワークがさらに強化され、また、今後の不動産政策研究の充実を通じて、不動産取引の安全・安心が確保され、不動産市場の発展に寄与できることを祈念しております。

　また、研究会を通じて蓄積・整理された不動産取引・不動産市場における様々な課題や、豊富な情報、提言等は、各執筆者個人の意見であり、機構及び各所属組織の意見ではありませんが、今後も関係各位の皆様方からのご指導を賜りながら、当機構における今後の調査研究にも役立てて参りたいと考えております。

まえがき

最後に、今般の出版に当たりご尽力、ご協力をいただきました関係者の皆様に心より御礼を申し上げるとともに、関係者の皆様のご健勝と不動産政策研究のこれからの発展を祈念致しまして、本書のまえがきとさせていただきます。今後ともご指導、ご鞭撻の程をどうぞよろしくお願い申し上げます。

　2018年6月

　　　　　　　　　中田　裕康（一般財団法人 不動産適正取引推進機構 会長）
　　　　　　　　　峰久　幸義（一般財団法人 不動産適正取引推進機構 理事長）

※不動産政策研究会では、①不動産取引法務研究会、②不動産経済分析研究会、③不動産再生研究会、④海外不動産取引研究会の4分野に分けて、不動産取引の安全・安心に関する法的課題、不動産市場の経済的諸問題、不動産再生上の諸問題、国際的な不動産市場の課題等の議論・研究を進めております。

目　次

まえがき　iii

第1部　不動産政策における近年の諸課題と貢献領域

1-1　不動産取引の歴史と現代的な問題 …………………… 2
中央大学法科大学院教授、弁護士　升田　純
1. 不動産を取り巻く最近のトピック　2
2. 日本の不動産に起きている問題　3
3. 日本社会における不動産の位置付け　5
4. 不動産適正取引推進機構の設立と役割　7
5. 忘れられた土地問題　8
6. 不動産をめぐる諸問題と今後の課題　11

1-2　日本の土地法の歴史と現状について …………………… 13
獨協大学法学部教授　小柳 春一郎
1. はじめに　13
2. 土地「所持」と土地所有権　14
3. 地租負担と土地所有権　17
4. 憲法と土地所有権　21
5. おわりに　24

1-3　不動産売買における「取引の公正」…………………… 25
弁護士　岡本　正治
1. はじめに　25
2. 立法経過　26
3. なぜ「取引の公正」の確保が求められるか　27
4. 「取引の公正」が求められる取引場面　28
5. 「取引の公正」の確保と宅建業者の役割　32
6. 最後に　35

1-4 借地借家をめぐる課題と展望 ……………………………………… 36
弁護士　吉田 修平

1 はじめに　36
2 建物譲渡特約付借地権について　37
3 事業用借地権について　40
4 定期借家権について　43
5 終身借家権について　48

1-5 最近の諸問題を踏まえた不動産取引 ……………………………… 51
弁護士　柴田 龍太郎

1 はじめに　51
2 民法（債権法）改正の理由　52
3 「責めに帰すべき事由」の位置づけの変化
　——特に契約不適合責任に与える影響　53
4 契約不適合責任に関する買主と売主の権利行使の
　攻防に関するチャートと特約・容認事項の重要性　58
5 今日の常識が明日は通用しない時代が到来する　64

1-6 金融商品取引法と不動産業 ………………………………………… 66
弁護士　田村 幸太郎

1 はじめに——問題意識　66
2 法規制の変遷　68
3 不動産投資商品に関する法規制の現状　73
4 最後に　78

1-7 近時の裁判例に学ぶ瑕疵担保責任と仲介業者の説明義務 ……… 79
弁護士　熊谷 則一

1 はじめに　79
2 瑕疵担保責任　79
3 仲介業者の説明義務　90

第2部

学際的・分野横断的な不動産政策研究の展望と課題

2-8 不動産学におけるこれまでの取組みと不動産政策研究への期待 ……… 98

明海大学不動産学部教授　中城 康彦

1. はじめに　98
2. 日本不動産学会の設立と活動　99
3. 明海大学不動産学部における不動産高等教育の実践　102
4. 大学院の研究内容　108
5. これからの人材育成　112
6. まとめ　113

2-9 今後の不動産政策に求められるもの：経済学の視点 ……… 115

日本大学経済学部教授　中川 雅之

1. はじめに　115
2. 住生活基本計画が示す新たなビジョン　118
3. 不動産業の存在意義　120
4. ITテクノロジーの導入状況　123
5. まとめ　125

2-10 都市計画から見た不動産政策研究の政策課題と今後の期待 ……… 128

東京大学大学院工学系研究科教授　浅見 泰司

1. はじめに　128
2. 都市計画分野の不動産政策研究　129
3. 不動産政策につながる都市計画研究に向けて　131
4. 不動産の政策課題　133

2-11 法律学から見た不動産政策研究の展望と期待 ……… 138

慶應義塾大学大学院法務研究科教授　松尾 弘

1. 現代における不動産政策の課題と法制度の対応　138
2. 不動産政策と法制度の変遷　140

3　不動産問題の原点　　145
　　4　将来の不動産政策と法制度の展望　　149

2-12　不動産テックが及ぼす不動産業界への影響　　152
東京大学大学院経済学研究科教授　柳川 範之
　　1　はじめに　　152
　　2　テクノロジーが不動産業に与える影響　　153
　　3　最後に——マクロな視点から考える不動産テックの影響　　159

2-13　土地神話と不動産市場分析　　162
日本大学スポーツ科学部教授、マサチューセッツ工科大学不動産研究センター研究員　清水 千弘
　　1　忘れられた「土地神話」　　162
　　2　不動産市場のダイナミクス　　164
　　3　土地対策に関する論争　　167
　　4　金融政策と不動産価格指数　　171
　　5　不動産政策と不動産市場分析　　174

2-14　住まい学からみた不動産政策研究への期待　　177
横浜市立大学国際総合科学部教授　齊藤 広子
　　1　はじめに　　177
　　2　住まい学からみた不動産政策研究への期待　　178
　　3　生活者にかかわる不動産とそのための政策の必要性　　182
　　4　おわりに　　189

2-15　不動産政策分野の国際的な研究動向と近年の傾向　　190
一般財団法人不動産適正取引推進機構 研究理事兼調査研究部長　小林 正典
　　1　はじめに　　190
　　2　国際的な不動産政策分野の研究動向　　195
　　3　不動産研究の今後の課題　　205

著者略歴　210
索引　213

第 1 部

不動産政策における
近年の諸課題と貢献領域

1-1

不動産取引の歴史と現代的な問題

中央大学法科大学院教授、弁護士
升田 純

1 不動産を取り巻く最近のトピック

　明治維新において日本の制度全般の急激な近代化が図られたが、不動産に関する法制度（特に土地の法制度）の近代化もその例外ではなかったばかりでなく、民法の制定とともに日本社会の基盤を構築するために重要な政策として推進された（なお、本稿においては、土地の重要性に鑑み、不動産は、特段の指摘をしない限り、土地のことをいう）。明治、大正、昭和、平成と時代を経て、不動産の法制度は、民法、不動産登記法の他にも私法の分野でも公法の分野でも、法律の制定、改正を繰り返し、それぞれの時代の要請に沿った制度の見直しが行われ（稲本洋之助他『日本の土地法　歴史と現状』［第2版］参照）、平成時代も間もなく終わろうとしている。現在、明治維新から約150年、民法の制定・施行から約100年を経過しているが、不動産の法制度が変遷しているだけでなく、不動産を取り巻く社会環境、経済環境、さらに国民を含む人々の意識も変化しており、特に第二次世界大戦後のこの約70年間の変化は著しいものがある。これらの変遷、変化は、不動産取引にも大きな変化をもたらし、この取引の変化がまた法制度、社会環境、経済環境等に反映し、変化が繰り返して見られるようになっているが、特に戦後の不動産をめぐる現象は、不動産の歴史に照らして特筆すべきものである。

最近の不動産を取り巻く話題は、1989年前後におけるバブル経済の膨張と崩壊を経て（この現象には不動産が重要な役割を果たした）、長期にわたる経済の低迷、不動産価格の下落が継続していたところ、外国資本等による日本の不動産への投資、東京オリンピックの開催を前にした不動産のミニバブル現象等が見られるものの（地面師は、全国各地で見られる詐欺犯であるが、最近は、大都市部における地面師の横行が報道されており、これもミニバブル現象が背景にあると推測される）、これは一時的な現象であり、遠くない将来には不動産余りの時代の到来が予想され、悲観的な見方と話題が広がっている。

　不動産を取り巻く最近の話題は、全国各地における不動産の放棄・放置、所有者不明の不動産の増加（報道等によると、このような不動産が九州規模の広さに拡大、増加しているとのことである）、所有者不在の不動産の増加、相続登記が放置された不動産の増加、外国人による不動産の取得の増加に伴う環境問題・防衛問題、外国人土地法の適用の放置、地震・噴火・河川の洪水・崖崩れ等の自然災害等の諸問題が山積しており、話題に事欠くことがない状況である。しかも、高齢化の進行、少子化の進行、不動産余り、地方の急激な過疎化に伴う地域社会の崩壊等の現象と相まって、不動産に対する国民の意識も変化し始め、変化が大きくなりつつある。現在、2020年の東京オリンピックの開催を控え、首都圏等の一部の地域においては、地域の再開発、ビルの建築ラッシュ、不動産価格の上昇、不動産の投資商品化等の現象が見られるが（首都圏のマンションの平均販売価格が上昇し、バブル時期の価格を超えた等との報道も見られる）、これも一時期の現象であり、前記の不動産をめぐる諸現象の趨勢を止めるものではないと認識されている。

2　日本の不動産に起きている問題

　日本の歴史を振り返ってみて、国民が不動産を放置・放棄する等の事態が生じること等、誰が予想できたのであろうか。
　公地公民の詔の時代（646年の詔と伝えられているが、それ以前は豪族等の私

有の時代であろう）は別として、土地の私有が認められて以来（三世一身法や墾田永代私財法から荘園制度）、日本の社会においては地位の上下、地域を問わず、土地の私有・利用につき重大な関心を持ち、土地をめぐる対立が様々な紛争を引き起こしてきた。文字どおり、一所懸命の時代が長年にわたって続いてきたわけであり、その紛争に直面して村落、地域、諸国を挙げて戦ってきたものであり、多くの血が流されてきたほどである。中世日本の重大な裁判の多くは、土地をめぐる紛争であった。

　明治維新を迎え、民法の制定等によって法制度、土地制度の抜本的な近代化が短期間に実行され、土地の所有権、登記制度等、現代社会においても維持されている基本的な制度が整備されるとともに、国の財源として地租が重要な役割を担ってきた。日本全体における登記上の土地の状況は、土地の物理的な状況、権利関係の状況と一致しないところが多々あるし、地域・場所によっては大きく異なっているところがあるが、これは制度発足の当初からの事態である。

　明治以降、土地等の不動産に関する様々な要請に応じて、民法、行政法の分野で法律が制定・改正される等し（民法の分野では借地法、借家法、建物ノ保護ニ関スル法律が代表的なものである）、第二次世界大戦の敗戦、農地改革等を経たが、基本的には従来の法制度が維持され（地域の再開発等については、時代の要請に応じて法律が制定・改正される等してきた）、現在に至っている。

　敗戦後、経済の高度成長等を背景として、産業用、住宅用の土地の需要が拡大し、長年にわたり土地の価格は右肩上がりの時期を経て、不動産神話の言葉を生み出し、その言葉どおりの現実を目の当たりにしてきた。1985年頃から顕著になったバブル経済の膨張は、様々な要因によるものであったが、土地の価格の高騰が膨張の牽引車の一つであり、不動産をめぐる諸問題が政治、行政、経済、社会、法律実務において現実化し、様々な対策が実施される等した後、バブル経済が崩壊し、不動産価格の下落・低迷等の長期にわたる不動産不況の時期が到来したのである。

　バブル経済の崩壊後、日本の政治、外交、経済、国民の意識、人材等の各分野における国力が全体的に劣化する傾向を辿り始めるとともに、国内

外の諸事情、特に国際的な事情によって容易に影響を受ける傾向が見られるようになっている。不動産については、外国人による不動産の購入事例が増加し（社会の一部では、不動産の買い漁りと呼ばれている）、都市部の不動産の投資目的の取引だけでなく（不動産の投資商品化は、近年における不動産取引の大きな特徴の一つであるが、このことは、国民の不動産の所有意識の大きな変化を示す兆候でもある）、水等の資源を目当てにした不動産の取引、環境・防衛上重要な地域の不動産の取引等が全国各地で見られるようになっている。地域によっては、外国人が土地の相当部分を購入する事例が見られるところ、日本の不動産の所有権は非常に強力な権利であることに照らすと、実際上、日本の法的な規制を免れ、治外の地域として機能するおそれもあり、将来の重大な問題発生が懸念されているところもある。

3 日本社会における不動産の位置付け

　従来、不動産が重要な財産であることが不動産の行政、取引等の分野で認識されてきたが、現在、この認識、意識には変化が見られることから、日本社会における不動産の位置付け、意義を改めて検討することは、不動産をめぐる将来の諸問題の予測に当たって無駄ではないであろう。不動産のうち、土地は、その性質と価値に照らし、単に所有者、利用者である個人、法人等だけでなく、地域社会、社会一般、地方公共団体・国全体にとっても重要な意義・価値を持つものである。

　土地等の財産権は、憲法上、これを侵してはならないとされ（憲法29条1項）、重要な基本的人権と位置付けられており、特に土地の所有権は、個人等の所有者の視点からの意義・価値が強調されてきた。特に敗戦後は、個人の人権の尊重が極めて強調される時代になり、不動産の所有権が全国各地で、あらゆる場面で強力に主張され続けてきたところである。土地の所有権等の諸権利を明確にし、確立したことは、近代法制度の重要な特徴であるが、土地はそもそも国土の不可分な一部を構成するものであり（国土を構成する土地は、国を構成する要素である国民、主権に並ぶ重要な要素である）、所有者等の個々の権利者にとって意義・価値を有するにとどまらない極め

て重要な意義・価値を有する公共財であることが無視され、あるいは軽視されてきた（なお、土地の所有権等の財産権とその制限、特に公的な制限に関する問題は、憲法、民法等の私法、行政法上の重要な問題であるが、少なくとも憲法上この問題に関する時代の要請を踏まえた建設的な議論が行われてきたとはいい難いし、合理的な法理が提唱されてきたともいい難い。財産権の制限をめぐる問題は、憲法上も重要であるが、その議論は旧態依然としたものであり、いわば眠れる憲法の放置された課題の状況である）。土地の所有・利用が所有者等にとって私的な性質を持つと同時に、当該土地を含む地域社会、さらに地方公共団体・国にとっても公的な性質を持つものであるが、後者の視点からは土地の公共財としての意義・価値、所有・利用につき公的な性質を有することを指摘することができる。

　土地の価値は、その価格が様々な機会に全国的な規模で公表される等していることから、経済的な価値に関心が集まりがちであるが（この価値は、資産として価値、信用上の価値、値上がり期待の価値がある）、国土の一部であり、周囲の他の土地と物理面、利用面で密接不可分の関係にあり、個人、法人等の生活、事業等の基盤を提供する地域共同体の観点からの価値も極めて重要である。土地の価値は、土地を保有する個人等にとっては、経済的な価値、利用・収益の価値、社会的な地位・信用を顕示する価値、先祖伝来の資産を維持する価値（家産を承継する価値）があるが、これにとどまるものではない。個々の土地は、独立、孤立して存在するものではなく、周囲の土地、地域の土地、広くは国土の一部として存在し、環境の一部になっているものであり、これらの土地と様々な関係を維持しつつ価値を持ち、利用・収益することが必要なものである。

　ところが、従来は土地が日本社会において土地の公共財・公的な性質を踏まえ、どのような役割を担い、個人等の個々の所有者にとって、地域社会にとって、あるいは地方公共団体・国にとってどのような意義・価値があるかにつき十分かつ適切な認識が広く共通のものになっているかが極めて疑わしい状況が続いている。

　現代社会においては、長年にわたって土地等の不動産に関する私的な性質、強力な権利性が強調され続け、他方、公共財・公的な性質が等閑視さ

れてきたツケによる諸問題が一挙に表面化している。日本社会の長い歴史において懸命に主張され、実力によっても確保されてきた土地等の所有権が、地方公共団体に寄附したいとか、放棄したいといった要望が真面目に出され、しかもそのような要望が多数存在すること自体、不動産の意義・価値、所有者である国民の不動産に対する意識の大きな転換時期を迎えているということができる。不動産は、現在、「富動産」ではなく、「負動産」であると揶揄される時代を迎えているのである。不動産は、今や、後者の視点から国を挙げての重大な問題を突き付けているということができる。

このような時代に生活する我々は、一体、不動産につき何を課題とし、どの方向に向けて課題の解決を目指すべきであるのか、目指すことができるのか、特に不動産の保有に長所（経済的な価値等の価値）がないか、乏しく、短所（税金、管理費用、管理作業等の負担）が多い土地が全国各地で多数発生し、国民の土地に対する保有意識が大きく減退している現状において、従来見られなかった不動産をめぐる問題に直面しているのである。

しかも、最近は、阪神淡路大震災、東日本大震災が発生し、中小規模の地震が多発し、国土自体が東西南北に移動、変形し、地盤が上昇、沈下したり（海岸地域では水没することもあった）、崖崩れが発生したりする事態が見られるところであり（日本の歴史の中では、地震は繰り返して見られる自然現象・自然災害の一つであり、洪水、火山の噴火等の自然災害もある）、自然災害に伴う土地をめぐる問題も発生しているところであり、今後も大規模な自然災害の発生が予想されている。自然災害が不動産の所有・利用、取引に大きな影響を与え、法律問題が生じることは容易に推測できるし、現にこれらの法律問題が裁判例として公表されている事例は多数を数えている。

4　不動産適正取引推進機構の設立と役割

ところで、不動産適正取引推進機構は、1984年（昭和59年）に設立され、先年、設立30周年という一つの節目を迎えた。不動産適正取引推進機構は、それぞれの時代の取引の実情を踏まえ、様々な活動を行ってきたところである。

設立当初の活動状況については、不動産適正取引推進機構の発行に係る『RETIO』という雑誌の27号に、加藤一郎先生が、設立当初のいろいろな経過を紹介しておられる。これを読むと、当初は紛争の解決、相談窓口等々の案件に対応しようということであり、その背景として、当時、不動産取引についてトラブルが多く、そのトラブルを適正に解決するとともに、未然の防止、あるいは適正化というあたりを非常に強く出されていたものである。

　不動産適正取引推進機構は、1994年（平成6年）には、設立10周年を迎え、2004年（平成16年）には、設立20周年を迎えたが、『RETIO』57号には、平井宣雄先生が様々な課題に対応してきたことを紹介しておられる。

　2014年（平成26年）には、設立30周年を迎え、当時の板倉理事長が『RETIO』93号において、この30年間とそれ以前における日本の不動産取引の諸問題と、諸問題への対応の歴史を詳細に紹介しておられる。

　不動産適正取引推進機構は、それぞれの時代の諸問題の実情を踏まえつつ、各問題への対応を行い、各種の提言を行う等してきたところである。現在、前記のとおり、不動産をめぐる諸問題は、大きく変貌し、重大で新たな問題が数々見られるようになっているということができるから、これらの諸問題にも積極的に取り組んでいかれることを希望し、期待するものである。

5　忘れられた土地問題

　現代社会において我々が直面する不動産をめぐる諸問題は、前記のとおり、重大で新たな内容・態様のものであるが、従来の議論で欠け落ちている問題を簡単に紹介しておきたい。外国人土地法と外国人の土地所有をめぐる問題である。

　現在、日本社会においては、土地の投資商品化が進行し、外国人の国内土地の取得の進行等の諸現象が見られるようになっている。

　外国人の土地の所有、利用については、明治時代の当初は、外国人に土地の取得を認めない時期等を経て、外国人土地法（大正14年制定、大正15

年施行）が制定されている。外国人土地法においては、1条は、帝国臣民又ハ帝国法人ニ対シ土地ニ関スル権利ノ享有ニ付キ禁止ヲ為シ又ハ条件若ハ制限ヲ附スル国ニ属スル外国人又ハ外国法人ニ対シテハ勅令ヲ以テ帝国ニ於ケル土地ニ関スル権利ノ享有ニ付同一若ハ類似ノ禁止ヲ為シ又ハ同一若ハ類似ノ条件若ハ制限ヲ附スルコトヲ得と定め、同法4条1項は、国防上必要ナル地区ニ於テハ勅令ヲ以テ外国人又ハ外国法人ノ土地ニ関スル権利ノ取得ニ付禁止ヲ為シ又ハ上限若ハ制限ヲ附スルコトヲ得、同条2項は、前項ノ地区ハ勅令ヲ以テ指定スと定めている。外国人土地法1条は、相互主義を採用し、外国人等の土地の取得等を禁止、制限するために勅令の制定が予定されていたところ、この勅令は制定されなかった。外国人土地法4条は、勅令による国防上必要な地区を指定し、土地の取得を制限することを認めており、同法の施行当時は、同法4条に基づき外国人土地法施行令（勅令）が定められ、国防上必要な地区を具体的に指定していた。しかし、第二次世界大戦後間もなく、この勅令が廃止され、現在に至るまで、外国人土地法4条に基づく指定はされていない（現在では、政令によって指定されることが予定されている）。

　現在は、日本国内における土地の所有権等の権利の取得については、外国人、外国法人は、その所属する外国が日本人に対して土地に関する権利の取得を制限しているとしても、その外国人に対して日本人、日本法人と同様な権利の取得を認め（要するに、日本人等がその外国において差別的な取り扱いを受けているとしても、外国人等を一律に平等に取り扱い、また、日本人等と同様に一律に平等に取り扱うものである）、外国において安全保障上の必要等から日本人等の土地に関する権利の取得等に制限が加えられているとしても、日本国内においては安全保障上の必要な地区内の土地に関する権利の取得を広く外国人等にも認めている。

　諸外国において日本人等を含む外国人、外国法人に土地に関する権利の自由な取得を認めるか等は、少なくとも日本との安全保障、外交、通商等の関係が相当にある外国については、十分な調査を行うことが必要であり、重要であるが、国民的な関心にもなっていないのが現状である。

　現在、外国人土地法1条、4条に基づき必要に応じて制定することができ

1-1　不動産取引の歴史と現代的な問題

る政令は制定されていない。国家の重要な要素である国土について社会的にも、政治的にも十分な関心が持たれなかった結果でもあるが、このツケは、現在、深刻な安全保障、外交上の懸案になっている国境地域の土地や、その権利等をめぐる問題だけでなく、安全保障、資源の確保、環境の保全、国民の安全な生活の確保といった観点からも全国的に問題を生じさせているし、今後、周辺諸国の動向に照らすと、ますます重大な問題になるおそれがある。

　日本国内における土地に関する権利、特に所有権は、前記のとおり、憲法上の保護（憲法29条1項）を受ける等、特に手厚く保護されている権利であり、外国人等が日本国内の土地の所有権を取得した場合、公共の福祉に適合した法律の制限規定がある場合を除き、自由に土地の使用、収益及び処分をする権利を有するものであり（民法206条）、その権利の範囲は土地の上下に及ぶものであり（民法207条）、広範かつ強固な権利を有するものである。土地の所有権を取得した外国人等は、権利の内容に照らすと、形式的には外国人等の所有地であるからといって日本の主権を免れるものではないが、実質的には外国人等の自由な使用・収益・処分に委ねられ、日本の領土としての性質が希薄になることは否定できないし、見方によっては実質的には当該外国人等の他国の領土になりかねない。外国人等が日本の国境地域にある島嶼部の土地の所有権を取得し、自由に使用・収益等をしている場合、法律の性質、内容によっては日本の法律を事実上適用できない事態もあり得るし、仮に日本の法律が理論上適用されるとしても、外交問題を含む重大な障害が生じ得、法律の適用が潜脱されるおそれがある。重大な問題が生じるのは、国境地域だけではなく、安全保障、環境保全等の他の公益上の重要な地域でも同様である。国の中心機関が所在する地域、都心地域でも同様である。日本国内において国の主権の行使に重要な地域があることは否定できないところ、これらの地域を外国人等に自由に権利の取得を認めると、外国人等に悪意があるような場合（日本の現行の法制度の下においては、このような権利取得であっても容易に認められるものであることは銘記しておくべきである）には、自衛権の行使等の重要な主権の行使の際、様々な妨害工作の拠点を提供することになるし、妨害工作の手段と

して利用することを認めることになる。

6　不動産をめぐる諸問題と今後の課題

　現在、日本社会は高齢化と少子化を基本的な特徴とする大きな変化の時代を迎えているが、既に指摘したように、これが不動産の所有・利用・取引等をめぐる諸問題に重大な影響を及ぼしつつある。同時に、地震等の自然災害による大規模な被害も発生し、これに伴う不動産をめぐる諸問題も生じているし、今後も生じるおそれがある。

　不動産をめぐるこれらの諸問題は、単に不動産の所有・利用の観点から検討し、解決を図ることはできず、個々の所有者らを対象とするだけでは不十分なものが多い。不動産、特に土地は独立、孤立して存在し、利用されているものではなく、周辺の不動産と相互依存の関係にあり、地域社会、さらに国土の一部を構成するものであり、周辺の生活、地域社会の環境・諸活動、国土の利用・防衛にも重大な関係を及ぼすものであることを十分に認識することが必要である。このような認識に立って前記の諸問題に立ち向かわなければ、弥縫策に終わるおそれがある。問題の背景は、日本社会における不動産の所有・利用・取引をめぐる事情と国民の不動産に対する意識の根本的な変化が生じており、このような変化は、日本の歴史の中で初めて経験するものであることである。

　現在、取り上げるべき諸問題は、例えば、所有者不明・不在の不動産の取扱い、不動産の所有権の放棄、相続放棄に係る不動産の取扱い、管理放置の不動産の管理・処分、損傷・損壊不動産の管理・処分、不動産の地方公共団体・国への寄附、相続登記の放置に係る不動産の取扱い、資源上の不動産の取得・管理の制限、防衛上の不動産の取得・利用制限、環境上の不動産の取得・利用制限、外国人土地法の適用、土地の境界の確定、地震・噴火・河川の洪水・崖崩れ等の自然災害と不動産取引、緊急時の不動産の取得・利用制限、不動産管理事業の法制化・高度化等があり、多岐にわたる。これらの諸問題は、不動産余りの時代が一層進行する等、背景事情が今後とも絶えず変化し続けることから、より深刻化し、あるいは変化

し、さらに新たな問題が生じることは容易に予測することができる。

これらの他、不動産取引の分野では、コンピューター利用に係る不動産取引の規制、不動産の投資取引の規制、不動産取引における消費者保護、不動産取引における高齢者の保護、成年後見人の不動産取引の規制、不動産取引における土壌汚染の取扱い、不動産取引における液状化の取扱い、不動産取引と心理的瑕疵の取扱い等の諸問題を取り上げることもできる。後者の諸問題の中には、既に裁判例が法律雑誌等に公表されているものもあるが、さらに問題が多様化、現実化する可能性がある。

不動産、特に土地は国の基盤を構成する極めて重要な要素であるが、不動産をめぐる新たな時代が到来した現代社会においては、不動産のこの特質に照らし、新たな発想と構想で合理的で妥当な解決の枠組を明確にし（法律の制定・改正等）、解決を図ることが迫られている。

1-2

日本の土地法の歴史と現状について

獨協大学法学部教授
小柳 春一郎

1 はじめに

　本稿は、日本の土地法の歴史を現状との関連で論ずるものであるが、紙幅の制約上、特に、明治期の土地所有権創設の時期の問題を論ずる。本稿は、明治期の土地所有権について、第一に、明治初年の土地所有権関連政策は、それ以前の身分的・団体的・地域的に多様であった土地「所持」をもとにしながら、国家法を通じて単一の土地所有権につくりだしたこと、第二に、土地所有と村とのつながりは、滞納処分等を通じて切り離されていったこと、第三に、明治憲法は、所有権保障を規定し、不動産の計画的利用に関する制度は、十分に展開しなかったが、土地所有権規制の新たなあり方が生まれてきたことを指摘する。以上の指摘は、従来の土地法制史の研究に依拠するものであるが[1]、本稿の特徴は、法令や法令解説（憲法義解）を丁寧に紹介して、明治期のあり方を読者に理解しやすくしたこと、及び現代との関連で議論を展開したことである。

---

1) 福島正夫は、明治の土地法制史研究を確立した。福島正夫『地租改正の研究』（有斐閣、1962年）、『体系日本史叢書7 土地制度史 2』（山川出版社、1975年）（近代は福島正夫執筆）。更に、毛塚五郎編『近代土地所有権―法令・論説：判例』（日本加除出版、1984年）、『体系日本史 土地所有史』（山川出版社、2002年）（「近代的土地所有の成立」奥田晴樹））。滝島功『都市と地租改正』（吉川弘文館、2003年）、新井克美『公図と境界』（テイハン、2005年）、稲本洋之助＝小柳春一郎＝周藤利一『日本の土地法〔第三版〕』（2016年、成文堂）。佐々木寛司『地租改正と明治維新』（有志舎、2016年）。

2　土地「所持」と土地所有権

(1) 土地所有権の創設

　近代的土地所有権の創設は、一挙に行われたというよりも、複数の法令発出を通じて次第になされていった。後述の伊藤博文『憲法義解』は、明治政府の土地に関する重要な法令の冒頭に明治元年12月18日行政官布告（『法令全書』明治元年404頁）を挙げた。これは、「拝領地并社寺地等除地之外村々之地面ハ素ヨリ都テ百姓持ノ地タルヘシ然ル上ハ身分違ノ面々ニテ買取候節ハ必名代差出シ村内之諸役無支相勤可申事」（拝領地及び社寺地のような公租除外地を別にすると、村々の土地はもとよりすべて百姓の土地であるべきであり、身分違いの者が土地を買い取っている場合には必ず代人を差し出し、村々の諸負担について差し支えないように努めさせるべきである）と規定した。なお、同布告は、「町分之地面」についても、「身分違」が買い取った場合には、「名代」を差し出して、「町内之諸役」を差し支えなく務めるべきことを定めた。

　この規定の意義については議論がある。福島正夫は、本規定の意義をやや低く見て、「上述の布告は、『百姓持ノ地タルヘシ』の規定で所有を法的に認めたとの観もあるが、それは実は納税上の問題で（太政類典第一編第一八七巻）、所有売買の自由とは何の関係ももたない。」と述べた[2]。しかし、筆者は、同布告には、伝統的な面だけでなく革新的な面があり、後者の面を見ると近代的土地所有権法制の嚆矢と位置づけ得ると考える。伝統的な面は、「身分違」の用語が示すように身分制を前提にして村の土地は（町人身分等ではなく）百姓身分が所持すべきだとしたこと、「村内之諸役」「町内之諸役」として江戸時代以来の土地所有に対する「村」や「町」の慣習的な役割を前提としたことである。革新的な面は、土地について明治政府が全国にわたる法令を発したこと、「身分違」いによる所持でも「名代」設置で所持自体は認め、土地秩序における身分制を緩和したことである。

---

2)　福島・前掲注(1)土地制度史228頁。

その後の明治政府の土地に関する法令で重要なのは、明治5年2月15日太政官布告50号（『法令全書』明治5年59頁）であり、これは、「地所永代売買ノ儀従来禁制ノ處自今四民共売買致所持候儀被差許候事」（土地を永代売買することはこれまで禁止されていたが、これからは永代売買ができ、また、どの身分でも土地を売買所持できる）と規定した。

　裁判所は、本太政官布告に大きな意義を認めた。大判大正7年5月24日民録24輯1010頁は、「明治五年二月十四日太政官第五十号布告ヲ以テ地所ノ永代売買ノ禁ヲ解キ其売買所持ヲ許シタルハ是ヨリ以前土地ハ国ノ所有ニシテ人民ハ土地ノ所有権ヲ有セス唯其使用収益権ヲ有スルニ過キサリシ」と《江戸時代「土地ハ国ノ所有」説》を述べた。しかし、この判決に対して、「全然誤謬」との中田薫の批判があり、（江戸の）「此時代には或種の土地は、其譲渡に関して種々の制限を受けたれども、なお私人の所有地たるに妨げなかりし」こと、「徳川時代には所持は動産不動産に通じて、所有の意義を示す普通語として用ゐられる（所有なる語は当時殆ど使用されず）」ことを指摘した[3]。本稿は、《江戸時代「土地ハ国ノ所有」説》を誤りとする中田の考えに従うが、同時に、本布告に身分制排除及び売買の自由公認の点で大きな意義を認める。

（2）地券と自由な所有権

　以上の法令と関連して重要なのは、地券制度である。すでに、1871（明治4）年12月27日太政官布告682号（『法令全書』明治4年457頁）が「東京府下従来武家地町地ノ称有之候処自今相廃シ一般地券発行地租上納被仰付候条此旨可相心得事」（東京府の土地においては、従来は、武家地・町人地の名称区別が存在したが、今後は廃止する。そして、広く地券を発行して、地租の納入を命ずる予定である）と規定した。この法令は、武家地町地という身分的

3）　中田薫「徳川時代に於ける土地所有権」同『法制史論集第2巻物権』（岩波書店、1938年）494頁。最判昭和61年12月16日民集40巻7号1236頁（田原湾干潟訴訟上告審判決）は、「地券は、土地の所持（排他的総括支配権）関係を証明する証明文書であつて…」として、「所持」を「総括的排他的支配権」と性格づけた。なお、寶金敏明『改訂 里道・水路・海浜 長狭物の所有と管理』（ぎょうせい、1992年）33頁は、「要するに、近世においては、領主的所持であれ、寄生地主的所持であれ、農民的所持であれ、今日の所有権に匹敵する包括的かつ絶対的な自由な権利を享受する者は、だれ一人として存在しなかったといえる」と述べた。

1-2　日本の土地法の歴史と現状について

土地秩序の解体を目指し、近代的土地所有権の基礎をつくったが、その際、地券発行が重要な意義をもった。明治5年2月24日大蔵省第25号「地所永代売買許可ニ付地券渡方規則」（『法令全書』明治5年533頁）が定められ、その後、「人民地所所持ノ者」の地券発行が定められた（明治5年7月4日大蔵省達83号『法令全書』643頁）。

1872（明治5）年に発行された壬申地券の裏面には、次の文言を記すものとされた（明治5年6月27日大蔵省達「地券書式」『地租改正例規沿革撮要』6項117条）。

「永代所持之証トシ此地券ヲ与ヘ左ノ条々ヲ示ス

第一　此地券ヲ所持スル後ハ其地御用ニ候共必ス持主承諾ノ上タルヘシ尤世上一般利益ノ為ニ御用ニ相成節ハ券面通之代金及ヒ其建物ニ応シ相当ノ手当差遣シ上地致サスヘシ

第二　此地所外国人ヘ対シ売渡シ幷金銀取引ノ為地券等書入致シ候儀ハ決テ不相成候事

第三　地税無相違相納ルニ於テハ空地ノ儘又ハ家屋ヲ建テ人ニ貸共持主ノ存意通リタルヘシ…以下略」

「永代の所持の証拠として、この地券を交付するが、以下の規定を順守すべきである。

第一　この地券を所持している場合には、この土地を役所が必要とする場合でも、持ち主の承諾なく取り上げることはしない。ただし、世の中一般の利益のために、役所が必要とする場合には、地券代価の代金を交付するし、また、建物についても相当の価格を交付して、役所が所有権を取得する。

第二　この土地を外国人へ売り渡すこと及び金銭取引のための地券担保を行うことは決して許されない。

第三　地券により納税される地税を確かに納税する限り、その土地を空地のままにおいてもよいし、家を建てて他人に貸すのも所有者の自由である」

以上のように、地券が土地所有を示す証券であること、公益のために必要な土地収用の場合には相当の補償がなされること、外国人に売却等の処分をしてはならないこと、土地利用の仕方は自由であること等が記載された。伝統的なものと異なる所有権が創設された。

3　地租負担と土地所有権

（1）地租改正条例と税負担

　明治6年7月28日太政官布告272号地租改正条例（『法令全書』明治6年402頁）は、天皇の言葉つきの法令であり、その意義は大きい。

　「上諭　朕惟フニ租税ハ国ノ大事人民休戚（きゅうせき……喜びと憂い）ノ係ル所ナリ従前其法一ナラス寛苛軽重率ネ其平ヲ得ス仍テ之ヲ改正セント欲シ乃チ諸司ノ群議ヲ採リ地方官ノ衆論ヲ盡シ更ニ内閣諸臣ト辨論裁定シ之ヲ公平畫一ニ帰セシメ地租改正法ヲ頒布ス庶幾クハ賦ニ厚薄ノ弊ナク民ニ労逸ノ偏ナカラシメン主者奉行セヨ

　明治6年7月28日　今般地租改正ニ付旧来田畑貢納ノ法ハ悉皆相廃シ更ニ地券調査相済次第土地ノ代価ニ随ヒ百分ノ三ヲ以テ地租ト可相定旨被　仰出候條改正ノ旨趣別紙條例ノ通可相心得且従前官廳並郡村入費等地所ニ課シ取立来候分ハ総テ地価ニ賦課可致尤其金高ハ本税金ノ三ケ一ヨリ超過スヘカラス候此旨布告候事」

　「（天皇の言葉）　天皇としての私が考えるに、租税は、国家の重要事であるだけでなく、人民の喜びと悲しみのもとになっている。これまでの租税法制は、統一されていなかった。また、寛大だったり、過酷だったり、軽重があり、平等ではなかった。そこで、天皇としての私はこれを改正しようと考え、有力な役人の議論をもとにし、地方官の多くの意見を尽くし、さらに天皇側近の重臣と意見交換・決議を経て、租税を公平画一にするため、地租改正法を公布する。税金をかけるに際して、不平等がないようにしなければならないし、民間の方でも税に苦しむ者免れる者がないようにしなければならないのであるから、関係者はこれを行うべきである。

　明治6年7月28日　今回の地租改正により、これまでの田畑についての税法は、すべて廃止された。そして、地券調査を行ったのちに、土地の代価に従い、その100分の3を地租と定めることが天皇により命じられた。改正の内容は、別紙のとおりであるが、よく心得なければならない。これまで官庁や町村がその必要費を土地に課税していたが、これからは、地租改正による本税の3

分の1を超過してはならない」

　以上のように、地租改正条例の特徴は、「公平画一」な土地税の理念の強調である。これは、従来の法令より一歩進んだものである。身分制廃止では、武士と町人という身分の違いの画一化が主眼であったが、地租改正条例は、農民同士の不平等・不均衡についても公平画一が必要である旨を述べたからである。明治8年11月20日地租改正局達8号は、地券「雛型」を定め、地券の裏面は、「日本帝国ノ人民土地ヲ所有スルモノハ必ス此ノ地券ヲ有スヘシ」と記載すべきものとした（『地租改正例規沿革撮要：地租改正報告附録』221丁）。ここで、「所持」ではなく、「所有」の言葉が使われた。

　地租改正条例では、3つの点が問題になる。第一は、「租税ハ国ノ大事人民休戚（きゅうせき……喜びと憂い）ノ係ル所ナリ従前其法一ナラス」と一般論を展開した後に、具体の措置として登場するのが「旧来田畑貢納ノ法」という土地課税であったことである。これは、相当の理由がある。というのも、明治初年においては、国家の歳入の多くの部分が地租であった。1877（明治10）年の内国税合計4,556万円に対して、地租は3,945万円（86.6％）、1887（明治20）年の内国税合計6,212万円に対して、地租は、4,215万円（67.9％）を占めていた[4]。しかも、地租の中心は、郡村地の地租であった。

　第二は、地租改正条例でも、村の「入費」について規定した。先述の明治元年12月18日行政官布告が村の「諸役」について規定していたのと共通する。しかし、地租改正条例は、「入費」が本税の3分の1を超えることができないと制限を行った。

　第三に、土地調査を行うことが明記され、収穫をもとに地価を決定したが、地価算定は、売買地価に準拠したものではなく、現代の不動産鑑定理論での収益還元法を想起させる方式によった。現代では、「不動産の鑑定評価の方式には、原価方式、比較方式及び収益方式の三方式がある」とされるが（『不動産鑑定評価基準』[5] 総論第7章）、その中の収益還元法とりわけ直接還元法は、求める収益価格Pを一定期間の収益aから利回りRで割ること（$P=a/R$）で得る。例えば、1年間に120万円の地代を得る土地につい

---

[4] 『国税庁統計年報書第100回記念号』（国税庁、1976年）。
[5] http://www.mlit.go.jp/common/001043585.pdf

て、利回り4％で割ると、得られる収益地価Pは、P＝120/0.04＝3,000（万円）となる。別の言い方をすると、3,000万円でこの土地を購入すると、120万円の収益が得られるから利回りは4％になる。

地租改正での自作地では、収穫（a）をもとに、収穫（a）から経費《収穫に必要な経費15％（0.15a）と地租（0.03X）と地租額の3分の1（0.01X）の村入用》を差し引いた純粋の収益を6％の利息で割る方式で地価を算出した。

$$X（地価）＝（a－0.15a－0.03X－0.01X）/0.06$$
$$\therefore X＝8.5P、0.03X（地租額）＝0.255P$$

結果として、X（地価）＝8.5P（収穫）であり、地価は、収益の8.5年分になる。地租は、地価の3％であるから、0.03X＝0.255Pであり、収穫の25.5％になる。地価の3％という税率は一見低率の税に見えるが、実は負担の重い税として構想されていた[6]。

市街地の地券発行における地価は、当初拝領地については払下げ価格、商人地については、申告価格（査定あり）等が採用されたが、結局、地租改正事務局達「市街地租改正調査法細目更正」明治9年3月7日[7]（「地租改正事務局別報」明治9年14号[8]）により、「丈量検査ヲ了エテ後地位等級ヲ定メ」「地価ハ等級ヲ基礎トシ貸地料ト売買代価ヲ参酌シ各地ノ比準ヲ以テ定ム」る方式によることとなった。ここでは、収益還元的手法（貸地料を「利子何程ト見積」もる方式）と売買価格比較法との組合せによることとされた（細目第3条第5節）。地租改正における「地価」は地租の課税標準の機能を果すが、収益還元の考え方が重要なことを示した。

地券発行に関連して、明治政府は、明治6年3月25日太政官布告114号「地券発行ニ付地所ノ名称区別」（『法令全書』明治6年145頁）に続けて、明治7年11月7日太政官布告120号「地所名称区別改定」（『法令全書』明治7年361頁）を発した。これは、土地を官有地（第一種ないし第四種）と民有地（第一種ないし第三種）に区分し、その際、土地所持者に申出を義務づけ、改

---

6) その後、明治10年1月4日太政官布告1号「地租減額ノ詔書」『法令全書』明治10年1頁により2.5％に減額した。0.025X＝0.2125Pとなり、地租は収穫の21％程度となった。
7) 福島正夫他編『明治初年地租改正基礎資料 中巻』（有斐閣、1956年）590（22）頁。
8) https://www.digital.archives.go.jp/DAS/meta/Detail_F0000000000000046133

1-2 日本の土地法の歴史と現状について

租担当者が所有者と認定した土地（民有地）については地番を付し地券を交付したが、民有地以外の土地はすべて官有地として処理された（官民有区分）。こうして地券発行の過程で、官有地と民有地の区別も明確化された。

（2）税負担と滞納処分

江戸時代においては農地年貢には村請の制度があった。これに対し、地券交付による土地所有権は、江戸時代と異なり、税負担において、村と切り離されたものになった。福島正夫は、「貢租の連帯制が各個人の地租義務となったことは、さきにみた地券発行上の"一地一主"の原則とも関連をもち、両者は表裏一体をなす」と指摘した[9]。明治期においては、土地所有者に対する直接の滞納処分が行われ、相当の所有権移転の原因になった。明治の政治家として著名な井上毅は、明治21年に当時の大蔵省主計局長渡辺国武宛に、1年に10万8,000件の土地公売があること（明治18年度の状況）を問題にしたほどである[10]。明治期の国税滞納処分法制として特に重要な明治10（1877）年11月21日太政官布告第79号（『法令全書』明治10年66頁）は、次のように定めた[11]。

「第1条　収納期限毎期ヲ云後三十日ヲ過テ尚国税ヲ上納セサル時ハ之ヲ賦課シタル財産ヲ公売シテ徴収スヘシ若シ其財産他人ヘ売与譲与シタル時ハ之ヲ買受譲受タル者ヨリ完納セシムヘシ但書入質入地所質入其規則ニ従フノ財産ニ未納税アル時其債主ニ於テ弁納スヘシト申立ル者ハ其意ニ任セ公売ヲ行ハス」

「第1条　毎期の収納期限の後30日を過ぎてなお国税を納入しない場合には、国税を賦課した財産を公売して徴収する。もし、その財産を他人に売買・譲渡している場合であってもこれを買い受け、譲り受けした者のところにある財産を公売して徴収する。ただし、抵当権者や質権者がいてその担保権者が租税について納税したいというのであれば、公売をしない」

以上のように、明治10年租税不納処分規則は、国税不納の場合に、課

---

9) 福島・前掲土地法制史245頁。村請制廃止について、さらに、中田薫「明治初年に於ける村の人格」前掲『法制史論集第2巻』1011頁。
10) 『井上毅伝資料編第4巻』（国学院大学図書館、1971年）662頁。
11) 拙稿「明治期の国税滞納処分制度について」税大ジャーナル14号（2010年）3頁。

税当局が公売をなしうる旨を定めた。地租の滞納処分に際して課税財産である土地しか執行の対象となしえなかったが、租税債権の優先権は強く、土地が売却されていても、買主のもとにある土地について公売をなしえた。また、土地に担保権が設定されていても、租税債権が優先した（同4条）。地租は、明治政府の主要財源であり、政府はその確保に意を注いでいた。

　滞納処分について、超過公売の可否が問題になる。租税不納処分規則には超過公売を禁止する旨の条文が存在しない。これは、明治22年の国税滞納処分法（明治22年法律32号）が超過公売禁止の原則（13条）があることと異なる。明治19年に、当時の東京大学教授木下広次は、「僅カニ三円ノ税金滞納ノ為ニ先祖相伝ノ地所ヲ悉皆他人ノ手ニ渡ス」結果となり、富者による土地の兼併が生まれ社会問題になったと論じた[12]。また、行政裁判所明治24年10月10日判決（行録2輯38頁）は、「僅少租金ノ為ニ巨額ノ地所ヲ公売ニ付シタルモ被告ノ処分ヲ不当ナリト謂フヲ得サルモノトス」と判示した。この事案の原告の主張に依れば、原告は明治19年当時諸国を漫遊して不在であったところ、兵庫県郡長は11銭1厘の地租滞納を理由に、原告所有の地所4町6反余りにつき明治19年11月27日に公売掲示を行い、1,000円を超える価値のある地所を、「僅少時日」の間に、代価金54円で「悉皆公売」した。土地所有者は、厳しい地租支払の責任を負った。

4　憲法と土地所有権

(1) 明治憲法と土地所有権

　1889（明治22）年に制定された明治憲法27条は、「日本臣民ハ其ノ所有権ヲ侵サルヽコトナシ　公益ノ為必要ナル処分ハ法律ノ定ムル所ニ依ル」と所有権保障を定めた。憲法により所有権が国法体系上明確に位置づけられた。近代的土地所有権の創設は、明治の指導者にとっても重要であった。伊藤博文による半公式的説明である憲法義解は、憲法27条について、次のように、前述の明治元年12月の法令等を引用して説明した。なお、こ

---

12)　木下広次「公売処分法解釈私議」法学協会雑誌第6号（1886年）27頁。

の叙述は、江戸時代の「所持」は、所有権ではなかったとして、明治維新による土地改革の優位性又は私人への恩典性を強調している。

「本条ハ所有権ノ安全ヲ保明ス。所有権ハ国家ノ公権ノ下ニ存立スル者ナリ。故ニ所有権ハ国権ニ服属シ法律ノ制限ヲ受ケザルベカラズ。所有権ハ固ヨリ不可侵ノ権ニシテ無限ノ権ニ非ザルナリ。故ニ城塁ノ周囲線一定ノ距離ニ於テ或ル建築ヲ禁ズルハ賠償ヲ要セズ…各個人ノ所有ハ各個ノ身体ト同ク国権ニ対シ服属ノ義務ヲ負フ」

「徳川氏ノ時ニ至テ農民ハ概ネ領主ノ佃戸(でんこ)（小作農…小柳注）タルニ過ギザリシ。維新ノ初元年十二月ニ大令ヲ発シテ村々ノ地面ハ総テ百姓ノ持地タルベキコトヲ定メタリ。四年ニ各藩籍ヲ奉還シテ私領ノ遺物始メテ跡ヲ絶チタリ。五年二月地所永代売買ノ禁ヲ解キ、又地券ヲ発行シ、六年三月地所名称ノ達ヲ発シ、公有地・私有地ノ称ヲ設ケ、七年ニハ私有地ヲ改メテ民有地トシ、八年ニ地券ニ所有ノ名称ヲ記載シタリ（地券雛形ニ「日本帝国ノ土地ヲ所有スル者ハ必此券状ヲ有スベシ」）。此レ皆欧州ニ在テハ或ハ兵革ヲ用キテ領主ノ専権ヲ廃棄シ、或ハ巨大ノ金額ヲ用キテ以テ佃戸(でんこ)ノ為ニ権利ヲ償却シタル者ニシテ、而シテ我ガ国ニ於テハ各藩ノ推譲ニヨッテ容易ニ一般ノ統治ニ帰シ、以テコレヲ小民ニ恵賜スルコトヲ得タリ。此レ実ニ史籍アリテ以来各国ニソノ例ヲ見ザル所ニシテ、中興新政ノ紀念タル者ナリ」[13]

(2) 土地所有権の規制

憲法起草者は、所有権制限を当然のこととして許容していた（「各個人の所有は各個の身体と同く国権に対し服属の義務を負ふ」）。また、明治29年公布の民法も、「所有者ハ法令ノ制限内ニ於テ自由ニ其所有物ノ使用、収益及ヒ処分ヲ為ス権利ヲ有ス」ることを規定し（206条）、所有権が法令の制限下にあることを規定した。もっとも、土地利用についての法令による制限は、この当時は十分なものではなかった。従来あった慣習的・団体的規制が有効でなくなったが、これに代わる新しい秩序は形成過程にあり、都市計画法が制定されたのは、大正8年であった。

---

13) 伊藤博文（著）宮沢俊義（解説）『憲法義解』（岩波文庫版、1989年）58頁。

所有権規制のあり方で注目すべき法令の第一は、森林法である（明治30年法律46号）。明治に入り、所有権自由の原則から民有林については伐木が自由となり、農業肥料等として森林が無秩序に採取され、森林荒廃による災害が多発した。これに対し、明治政府は、1896（明治29）年の大水害を受けて、森林法を制定した。森林法は、従来の禁伐林（官林）、伐木停止林（民有林）等を統一して保安林制度を創設した。土砂の崩壊、流出、飛散、水源涵養、風水害等の防止のために必要な箇所は、地方森林会の答申を経て主務大臣が保安林に編入することができ、保安林では、皆伐及び開墾をなすことができず、知事の許可なくしては土石採取、樹根採掘、牛馬放牧等ができず、また、「主務大臣ハ必要アリト認ムルトキハ保安林ノ伐木ヲ禁止又ハ制限スルコトヲ得」た。保安林に編入されたために損害を被った森林所有者はその「伐木ヲ禁止セラレタル場合ニ於ケル直接ノ損害ニ限リ補償ヲ求メル」ことができる。

　特徴ある土地所有権規制の第二は、1899（明治32）年の耕地整理法（明治32年法律82号）である。耕地整理は、農業目的の面的な基盤整備（「耕地ノ利用ノ増進スル目的ヲ以テ其ノ所有者共同シテ土地ノ交換若ハ分合、区画形状ノ変更及道路畦畔若ハ溝渠ノ変更廃置」）であり、個々の区画が整然となるのみならず、道路、溝渠等が整備される。耕地整理法は、土地区画整理法（昭和29年法律119号）が制定されるまで、都市整備のための土地区画整理にも使われた。

　耕地整理法では、耕地整理が行われる地区の土地所有者の3分の2以上の同意、同意者の土地面積が整理地区総面積の3分の2以上、同意者の土地の地価額が整理地区内の地価総額の3分の2以上の条件を満たすときに、発起人は、設計書及び規約を作り地方長官を経由して農商務大臣に提出し、発起の認可を受ける。耕地整理に同意していない者にも「従前ノ土地ノ地目、面積、等位ヲ標準トシ換地ヲ交付」する。換地は、従前の土地に関する物権又は債権の目的となる。耕地整理の費用は、参加土地所有者が負担するが、費用を完納しないときには市町村長が整理委員の請求により市町村税徴収の方法に準じてこれを徴収することができた。耕地整理法は、その強制的な性格が特徴であり、土地所有権の絶対性を修正した。耕

地整理のための組合は、多数決原理等に基づき運営され、その仕組みも法律によって規律されている。これは、従来からあった自然的な「むら」による土地所有権への規制とは異なる・自主的なしかし公的性格を伴った団体による規制である。

5　おわりに

　以上、本稿は、明治初年の土地所有権関連政策が国家法を通じて単一の土地所有権をつくりだしたこと、地租負担を通じた滞納処分等により自由な・個人的な土地所有権の観念が強化されたこと、明治憲法がそうした所有権保障を規定し、不十分ではあったが土地所有権規制の新たなあり方が生まれてきたことを指摘した。現在において土地についての問題状況は変化を遂げた。土地所有権というが、その主体である個人が高齢化する等、法的判断能力を失う場合が相当程度生じつつある。また、権利承継である相続において、相続登記未了等により国家が土地所有者を把握できなくなる場合がでてきた[14]。さらに、人口減少等の新たな状況においてコンパクトシティを実現するための法的枠組みが必要であるとの指摘がある。とはいえ、現代の問題は、江戸時代の団体的・身分的な土地所有に復帰することで解決するものではない。明治以来の自由な土地所有権のあり方を維持しつつ、近代的合理的な・そして身近な団体的規制を生かして諸問題に対応することで問題解決に取り組むことが必要である。

---

14)　吉原祥子『人口減少時代の土地問題——「所有者不明化」と相続、空き家、制度のゆくえ』(中公新書、2017年)。

1-3

不動産売買における「取引の公正」

弁護士
岡本 正治

1　はじめに

　宅地建物取引業法（以下「宅建業法」または「法」という）は、立法目的の一つとして「宅地及び建物の取引の公正を確保する」こと（法1条）を掲げ、宅地建物取引業について免許制度の実施と必要な業務規制をする。「第5章　業務」には宅地建物取引業者（以下「宅建業者」という）に対する業務規制に関する諸規定を設け、「第6章　監督」では「取引の公正を害する行為」を指示処分事由とし、「不正又は著しく不当な行為」を業務停止処分事由とする（法65条1項2号、2項5号）。このような仕組みをみると、「取引の公正」は宅建業法の基本的な骨格を形作る概念として位置づけることができる。

　ところで、「取引の公正」とは、取引が違法・不正ではなく公平・適正であることを意味するものの、一般的・抽象的な用語であり、何をもって「取引の公正」に当たるのか、「取引の公正」を害する行為とは何かは、宅建業法の目的や業務規制の趣旨に照らし解釈せざるを得ず、いわゆる規範的な概念である。本稿では、宅建業法を解釈・運用する上で重要なキーワードである「取引の公正」について、不動産売買・媒介の取引形態を取り上げながら検討してみたい。

2 立法経過

　立法経過をみると、昭和27年6月、宅建業法は、宅地建物取引業に対する取締りを目的とし、禁止・義務規定に違反する行為に罰則を科す取締法規という性格をもったものとして制定された。その後、宅地建物の需要が急増し始め、昭和32年5月の法改正で、「事業に対し必要な取締り」を「事業に対し必要な規制」に改め、業務規制法へと変容した。宅地建物取引の需要の増加に伴い、取引紛争も増加し消費者被害に対処するため、昭和39年7月の法改正で、究極的な目的として「取引の公正を確保」を追加し、「業務に関し取引の公正を害する行為」（旧20条の2第2号、現行法65条1項2号）を監督処分の対象とした。ただし、「取引の公正」を確保する具体的な規定は設けられなかった。

　法改正直後の昭和39年8月、建設大臣は、宅地審議会に対し、「取引の公正を確保するとともに、健全な取引の慣行を育成するため」に宅地建物取引業制度上講ずべき措置について諮問し、同審議会は、昭和42年3月、改正すべき事項として、誇大広告等の禁止、取引態様の明示義務、契約内容等の事前説明、契約内容を記載した書面交付、手付貸与の禁止、取引主任者制度の強化等を答申した。わずか3ヵ月後の昭和42年6月に答申に沿った法改正がなされた経過をみると、昭和39年の法改正の段階で、「取引の公正」を確保するため、宅建業者による取引の勧誘、契約締結に至る経過、契約締結という取引の流れについて業務規制することを視野に入れていたことがうかがえる。

　次いで、昭和44年11月、住宅宅地審議会に対し、不動産の流通機構の整備改善を図るため宅地建物取引業制度上講ずべき措置について諮問がなされ、同審議会は、売主業者によるマンション分譲・宅地分譲等において「買主等に不利な契約が多（い）」こと等にかんがみ、契約内容の適正化（契約の解除に伴う損害賠償等の額の制限、瑕疵担保責任、販売契約締結の時期及び広告活動開始時期の規制等）、取引主任者の職務責任の明確化（重要事項の説明、物件説明書の交付、書面の交付に関する義務）等を答申した。昭和46年6

月の法改正では、「取引の公正の確保」を直接目的とし、究極的な目的に「購入者等の利益の保護」を加え、答申内容を立法化した。特に注目すべきことは、宅建業者に対する業務規制法である宅建業法が、売主業者と買主（非宅建業者）間の売買契約における損害賠償額の予定等、手付の額、瑕疵担保責任についての特約に対する制限規定を設け、これに反する当事者間の特約（合意）を無効とする強行規定を設けたことである。

その後、「第5章　業務」では、重要事項説明義務の追加改正、媒介契約の規制の創設、業務に関する禁止事項の追加等、改正が繰り返され、現在に至った。

これらの改正経過と業務規制の内容に照らすと、なぜ宅建業法が「取引の公正」の確保を目的としたのか、「公正」が求められる取引場面は何かについて、おおよそ次のように整理することができる。

3　なぜ「取引の公正」の確保が求められるか

宅建業法が「取引の公正」の確保を求める理由は、宅地建物取引（取引物件、当事者、取引形態）の特質と宅建業者の業務内容によるところが大きい。

取引対象である宅地建物の権利関係は複雑で法令上の制限は詳細多岐にわたる。契約交渉過程では法的性質が判然としない売渡承諾書・買付証明書が取り交わされ、公簿売買・現状有姿売買といった一般の財産取引ではなじみのない言葉が売買契約書の条項として使用され、取引手順も不透明なところが多い。契約当事者が取引経験や専門的な知識を持ち合わせていないことが通例であるため、自ら取引物件の権利関係等を調査することは現実には不可能といってよい。成約に至るまでの取引過程を宅建業者が関与しないで円滑に進めることは難しい。他方、宅建業者（売主業者、代理業者、媒介業者、買主業者）は、宅地建物取引業の免許を受け、取引経験と専門的な知識を備え宅地建物取引に関与する。

宅建業者が売買の一方当事者として関与する場合の取引の相手方や宅建業者が売買媒介として関与する場合の契約当事者は、宅建業者から物件情

報の提供や取引条件に関して説明を受けたとしても、取引に不慣れで専門的な知識を有しないために内容を容易に理解することができないだけでなく、情報が正確かどうかを検証できるだけの能力がない。結果として、契約当事者だけではなく、利害対立するはずの取引の相手方にとっても、宅建業者への依存度は強くなる。その一例として、購入希望者が買付証明書を媒介業者に提出した後、購入意欲を失い契約締結を白紙にしたい旨、媒介業者に申し入れたところ、いまだ売買に関する確定的な意思が合致していないため法的に売買契約が成立したとは認められないにもかかわらず、媒介業者が、買付証明書の交付をもってすでに売買契約が成立していると突っぱね、契約締結を迫り取引紛争に発展することが時折見受けられる。

宅建業者が「契約自由」とか「約束は契約である」等と言って、取引知識の乏しい者が不当な契約を強いられると、不動産取引は"危ない"とか宅建業者は"信用できない"といった認識が広まり、宅建業者や不動産業界の社会的信用が損なわれ、ひいては不動産業の健全な発展にとって極めて憂慮すべき事態が生じることになりかねない。

また、民事紛争という場面に目を転じると、宅建業者が適切な業務を遂行せずに、契約当事者が紛争に巻き込まれ、時には訴訟にまで発展すると、契約当事者にとって時間と費用がかかり不測の損害を被ることとなる。

このようなことにかんがみると、「取引の公正」を確保することが極めて重要であることがわかる。

4　「取引の公正」が求められる取引場面

宅地建物取引においては、次のものが「取引の公正」として確保されることが求められる。

(1) 信義誠実の原則

「第5章　業務」には、冒頭に、業務処理の原則として、宅建業者が取引の関係者に対し信義誠実に業務を行うべきことを規定する（法31条1項）。宅地建物取引は、当事者双方が誠実に契約交渉し、契約の締結（成約）に

至れば約定どおり履行されることが期待される。宅建業者が契約当事者（売主業者・買主業者）として、又は代理業者・媒介業者として関与する場合、宅地建物取引に関する専門的な知識と経験を有し免許を有することから、取引の相手方、委託者その他取引の関係者からは、取引の専門家として信頼される。そのため、宅建業者は、業務を遂行するにあたって取引の関係者の信頼を裏切らないように行動することが求められる。

なお、立法担当者は、旧13条（法31条1項）が宅地建物取引業の根本の精神を現す精神規定もしくは宅建業者の業務上の心構えを宣言した訓示規定であるとしていた（鬼丸勝之監修「宅地建物取引業法の話」64頁）。しかし、昭和46年の法改正では、「この法律の規定に違反した場合」を指示処分事由として規定した（法65条1項、3項）。法31条1項は一般的な条項であるとはいえ、「第5章　業務」に定める規定の趣旨に照らし、宅建業者が業務に関し信義誠実に違反し損害を及ぼした場合、業務に関し「損害を与えた行為」（法65条1項1号）、「取引の公正を害する行為」（2号）、宅地建物取引業に関し「不正又は著しく不当な行為」（法65条2項5号）に該当すると判断され処分対象となりうる。ちなみに、宅建業者（複数）がマンション販売時に汚染土壌が存在し防止措置が講じられていないこと等について購入者に告知しなかった行為が法31条1項の規定に違反し指示処分（法65条1項1号、2号）、業務停止（法65条2項5号）を受けた事例がある。

(2) 法令遵守

事業者が、法令を遵守して業務に従事すべきことは当然であるが、宅建業法が宅地建物取引業を規制していることから、宅建業者は、業務遂行に当たって宅建業法と関係法令を遵守すべきことはいうまでもない。なお、宅建業法は、「禁錮以上の刑に処せられた」者、宅建業法等に違反し罰金刑に処せられた者を、免許の欠格事由や取消事由として規定する（法5条1項3号、3号の2、法66条1項1号）。一定の刑事判決を受けた者は規範意識が乏しく、重要な財産を取り扱う宅地建物取引業に従事することがふさわしくないことから不適格者として排除し、「取引の公正」を確保し宅地建物取引業の健全な発達を図り社会的信用を高めようとするものである。

また宅建業者に限らず、事業者が違法・不正な取引に関与してはならないことはいうまでもない。宅地建物取引では対象が高額な財産で多額な金銭が授受されることから詐欺や横領の対象になりやすく、また脱法・潜脱行為によって不正な利益を得る対象となりうる危険性を孕んでいる。宅建業者が詐欺取引等の違法取引に関与することは「取引の公正」を害することはいうまでもない。

(3) 守秘義務

宅建業者は、宅地建物取引に従事するに際して、取引の関係者の財産関係等の秘密を知りうる立場にあるため、取引の関係者の秘密と宅建業者の業務に対する社会的信頼を保持する見地から、秘密を守るべきことを義務づけ（法45条）、「取引の公正」を確保する。

(4) 取引の誘引

宅地建物取引の端緒は、インターネット等をも含む広告媒体が重要な機能を果たし、取引物件の売却や購入は、通常、宅建業者による広告を見て始まる。商取引ではある程度の誇張が社会一般的に是認されているものの、自由競争の範囲を逸脱した欺瞞的な広告が誤認を与え不当に取引を誘引し、意思に反した契約を締結し、損害を被るきっかけとなる。広告に誘引されて不動産取引にかかわり損害を被るのは、取引の知識や経験が乏しい一般の消費者が多く、広告内容が誇大・虚偽かどうかを判断できる能力は持ち合わせていない。宅建業法は、誇大広告等の禁止規定を置いているが（法32条）、誇大広告は顧客を不当な手段で取引に誘引しようとするものであって「取引の公正」を害する。

(5) 契約締結に至る過程

宅建業法は、制定当初から、故意による重要な事項の不告知・不実告知を禁止している（旧法18条1号、現行法47条1号）。これは、立法事実として詐欺的な手段により取引をする悪質な不動産業者が横行したことから、これを防止するためである。

しかし、事実不告知・不実告知を禁止するだけでなく、宅建業者が買主に対し積極的に取引物件等に関する情報を提供することは、契約当事者の意思決定過程において必要であり紛争予防につながる。特に宅地建物取引では契約当事者が取引物件や取引条件を十分理解した上で、その真意に基づいて対等の立場で契約を締結することが必要である。そこで、宅建業法は、契約締結までの間に、買主が売買契約を締結するか否かの判断に影響を及ぼす事項（いわゆる重要事項）について、宅地建物取引士をして、買主に重要事項説明書を交付して説明させることを義務づけ、これによって契約締結の判断の段階における「取引の公正」を確保しようとした。なお、宅建業法35条1項1号から14号に掲げられた事項は例示列挙であって、個々の取引事案に応じて、買主が契約を締結するか否かの判断に影響を及ぼす事項についても、あらかじめ説明しなければならない。また、説明という手段による情報提供にあたっては、説明を受ける買主の属性（職業、年齢、取引経験、事業者等）に応じて理解できるような方法や内容で説明すべきことはいうまでもない。

(6) 契約締結

民法は売買契約を諾成・不要式の契約とする（民法555条）から、売買契約書の締結は契約成立の要件ではない。そこで、宅建業法は、宅建業者が契約当事者に対し同法が定めた事項を記載した書面の交付を義務づける（法37条。いわゆる37条書面）。取引実務では、法37条書面に代えて、同条に定める事項を記載した売買契約書を当事者双方に交付し契約を締結する。売買契約書の締結は、当事者の合意内容を書面で確認すると同時に、後日、契約を巡って紛争になった場合の証拠になり紛争予防の措置にもなり、契約締結に関して「取引の公正」を確保するものである。

(7) 売主業者との売買と契約内容

売主業者との売買契約については、売主業者が取引経験と知識を有する有利な立場を利用して、取引経験や知識の乏しい買主に対し、売主には有利であるが買主に不利な取引条件を提示し、買主が自己に不利なものであ

ることに気づかないままに契約を締結したり、仮に不利なものと気づいても取引条件の変更を求める交渉能力を有しないことが多く、結局、売主業者が提示したままの契約内容や取引条件で売買契約書が締結されたりしがちである。宅建業法は個別行政法の一つであり、宅建業者と買主の契約関係を規律する民事法ではないが、契約内容について「取引の公正」を確保し、「購入者等の利益の保護と宅地及び建物の流通の円滑化とを図る」（法1条）ために、宅建業者が自ら売主となる売買契約に限って、損害賠償額の予定（法38条）、手付の額の制限（法39条）、瑕疵担保責任についての特約に関する制限規定（法40条）を設け、これに違反する当事者間の特約を無効とし、業務規制の実効性の確保を図っている。

これらは、売主業者と買主（非宅建業者）の属性、両者の契約関係における情報量と契約交渉力の格差に着目し、宅建業者が売主となる売買契約の契約内容の適正化を図ることにより「取引の公正」の確保を達成しようとするものである。

5　「取引の公正」の確保と宅建業者の役割

宅建業法は、第5章において業務に関する規定を設けているが、「取引の公正」を確保する規定がすべて網羅されているものではない。その結果、宅建業者は、個々の取引に応じて「取引の公正」を確保することが求められ、宅建業者の役割は重要である。

(1) 重要事項説明と「取引の公正」

宅建業法35条が掲げる重要事項は例示的なものにとどまるため、宅建業者は、個別具体的な取引に即して同条が掲げる事項以外に説明すべき重要な事項があるかどうかを検討し、もし説明すべき事項があれば、これを買主に説明しなければならない。ところが、宅建業者の中には、買主にとって不利益な事実や減価要因となる情報を開示することによって成約が危ぶまれるとか取引価格が減じられることを懸念する心理が働き、不利益な事実について敢えて触れないとか曖昧な説明にとどめ契約締結に持ち込み、

これが契約締結後に判明して宅建業者の説明義務違反を巡る紛争に発展する事例は珍しくない。成約が危ぶまれたり取引価格が減じられたりする要因になるおそれのある事実は、とりもなおさず契約当事者にとって契約を締結するか否かの判断に影響を及ぼす重要な事項である。

　したがって、宅建業者は、個々の取引において何が重要な事項かを判断し、買主に正確な情報を積極的に提供し、取引条件を十分理解させる必要があり、これが「取引の公正」を確保することとなる。

(2) 契約内容と「取引の公正」

　宅建業法37条は書面の交付義務を規定するが、同条は記載すべき事項（項目）を定めているものの、どのような内容を記載すべきかまで規定していないし、法37条に定める以外の事項として、どのような契約条件や特約を記載すべきかについて規定するものではない。契約内容や契約条件は、最終的には当事者の合意に委ねられるべきものであるが、契約当事者は売買契約書を作成する能力もなく、取引実務では、宅建業者が業務として売買契約書を作成・提示し、当事者双方の意見を反映させながら調整する。どのような内容、条件で契約を締結するかは、契約当事者にとって公平かつ適正な内容で合意できる状況を整えることは、宅建業者として重要な業務であり、そうしてはじめて契約自由の原則がはたらくことになる。誤解なきよう付言すると、最終的にどのような内容で合意するかどうかは契約当事者の責任において意思決定すべきであり、例えば売り急ぎや買い急ぎといった事情は取引価格に影響を与え、また契約当事者が自己に不利で取引の相手方に有利であることを理解した上で契約を締結することがある。しかし、これが許容されるのは、宅建業者が契約当事者に対し正確な情報を提供することが前提である。契約当事者にとって不利な契約内容は、宅建業者がその旨を明確に説明し、十分理解させた上で契約を締結する必要がある。宅建業者が重要事項を明確に説明せず、曖昧な表現で説明した場合、契約当事者が取引経験や専門的な知識を持ち合わせていないこともあって契約上のリスクの存在に気づかず、誤認した状態で契約を締結し、後日、契約の重要な部分に関して思い違いがあったといった合意を巡って紛

争になりかねない。

　宅地建物取引においては、当事者の誰もが同じ程度の知識と経験を有しない以上、契約交渉過程において、宅建業者が買主に対し重要事項に関する情報を積極的に提供し、契約内容や契約条件を理解できるように説明することは、取引の透明化と「取引の公正」の確保につながる。特に契約締結は、契約当事者にとって重要な取引場面であるが、宅建業者にとっても「取引の公正」を確保しなければならない重要な取引場面である。

(3) 媒介と「取引の公正」

　媒介の形態には、媒介業者が契約当事者の双方から受託する双方媒介と、一方から受託する片手媒介とがある。媒介業者は、委託者に対し、媒介契約に基づいて善管注意義務を負い（民法656条、644条）、さらに忠実義務を負うことから、媒介業者は、媒介契約の本旨に従って誠実かつ適正に媒介業務を遂行すべき義務を負うとともに、委託者の利益を最大限実現できるよう努め、委託者の利益を犠牲にして自己又は第三者の利益を図ってはならない。

　片手媒介では、媒介業者は一人の委託者の利益を図るため媒介業務を遂行すれば足りる。ところが、不動産業界では、当事者双方から報酬を獲得することができる両手媒介志向が強い。

　商事仲立（商法543条）は商行為の媒介であり委託者は商人であるから、契約内容や契約条件について交渉能力を有していることを前提に両当事者から委託を受けることはあってもよい。しかし、不動産売買の媒介は、商人でない者同士の契約を媒介することもある民事仲立であり、媒介の委託者は、契約内容や契約条件について自己に有利な取引か否かを判断できる知識と経験を有している者ばかりではない。双方媒介では、利害対立する売主と買主双方から同時に媒介を受託することから、媒介業者は双方に対し等しく善管注意義務・忠実義務を負うこととなる。しかし、現実の売買取引において、媒介業者が売主・買主との関係を中立・公平に維持しながら両当事者の利害調整を図り利益を最大限実現することができるのかといえば、通常は、当事者のうちどちらか一方との結びつきが強いため、その

利益を優先することは否めない。その結果、他方の利益は劣後に扱われ、時には犠牲にされかねない。このように媒介業者が利害対立する契約当事者双方のために成約に向けて最大限尽力しようとしても"義務の衝突"が生じるおそれがある。双方媒介と「取引の公正」との関係をみると、媒介業者の中立・公平性がどのように担保されるか、双方媒介が「取引の公正」に反しないのか、双方媒介の進め方やその当否については、もっと深く検討されるべき問題を孕んでいる。

　宅建業法は双方媒介を禁止するものではないとしても、宅建業者が当事者の一方に偏った形で媒介業務を進めたり、当事者の利益を犠牲にして自己の利益を図ったりすることまで許容するものではない。例えば、媒介業者が売主（委託者）から売却媒介を委託され、委託者が希望する売却価格よりも高額な取引価格で売却できる買主が現れたにもかかわらず、媒介業者が売主にこれを告げず、ダミーとなる者を買主と称して紹介し売買契約を締結させ、時には媒介業者自ら売主から購入し、その直後に他者へ転売して利益を図る場合がある。これは、委託者の利益を犠牲にして媒介業者の利益を図る行為（誠実義務・忠実義務違反行為）であり、宅建業法31条1項（業務処理の原則）、34条（取引態様の明示）、45条1号（事実不告知・不実告知の禁止）に違反し「取引の公正」を害する行為に当たる。

6　最後に

　宅建業者は、宅建業法の諸規定を遵守して業務を遂行しなければならないのは当然であるが、取引物件、当事者の属性をはじめ個別性が強いため、宅建業者（宅地建物取引士も含めて）は、個々の取引において、専門家としての判断をしながら取引を円滑に進め、「取引の公正」を確保することが求められる。

　宅建業者が宅建業法を遵守し、「取引の公正」を確保しつつ業務を遂行するかどうかは、ひとえに宅建業者、宅地建物取引士・従事者にかかっており、「取引の公正」を確保するには、宅建業者等の質の向上と育成、加えて職業倫理の確立が重要である。

1-4

借地借家をめぐる課題と展望

弁護士
吉田 修平

1 はじめに

　我が国の借地借家制度は、平成3年の借地法と借家法の改正による借地借家法の成立、及び、その後の平成11年の借地借家法の改正による定期借家権の創設と、平成12年の高齢者の居住の安定確保に関する法律による終身借家権の創設により、現在では、借地は、普通借地権と定期借地権の2つ、借家は、普通借家権と定期借家権と終身借家権の3つの構成となっている。

　その内、定期借地権、定期借家権及び終身借家権の3つの新しい類型は、いずれも更新しないことが特徴である。いわば、新しい時代のニーズに即して創設された権利である。

　この3つの更新しない新しいタイプの借地権と借家権について、創設当時から実務の世界で多く関与してきた者として、従来から感じている問題点を課題として指摘し、どのような改正等の方向が望ましいかを述べようとするのが、本稿の目的である。

　具体的には、①建物譲渡特約付借地権における法定借家権、②事業用借地権における建物の種類についての制約、③定期借家権の事前説明義務と法定中途解約、及び④終身借家権における賃借人の資格についてである。

2　建物譲渡特約付借地権について

(1) 建物譲渡特約付借地権の意義と内容

　建物譲渡特約付借地権とは、存続期間を30年以上とする借地契約を締結し、借地権設定後30年以上経過した日に借地上の建物を賃貸人（地主）に相当な対価で譲渡する旨の特約を付することにより、借地権を消滅させる形態の定期借地権である（借地借家法（以下、「法」という）24条）。

　特約の仕方として、①存続期間を定めた上で、その満了時に建物譲渡の効力を生ずるとする場合と、②売買予約をし、設定時から30年以上経過すると予約完結権を行使しうるとする場合との2通りがある。

　その結果、上記①については、存続期間満了時には借地権者の建物がないので法定更新が生じない。また、上記②については、存続期間の満了と建物譲渡の時期がずれるが、賃貸人が建物の所有権と借地権を取得するので、混同により借地権が消滅することになる。

　なお、賃貸人が、第三者に対して、その土地の利用権が定期借地権にすぎないこと（即ち、その旨の特約があること）を対抗するためには、建物に所有権移転請求権保全の仮登記をすることになる。

　たとえば賃貸人Aが、賃借人Bに対して、2000年の4月に土地を貸し（借地契約）、建物譲渡特約を付し、その後、Bが2001年3月に建物を建築したので、同月、Aがその建物に30年後に所有権が移転される旨の仮登記を付した場合を想定する。Bが、その後、建物を借家人Cに2001年4月から賃貸した場合、仮に、上記の仮登記がなければ、2030年の4月に建物譲渡特約を実行すると、家主であった借地人BからAは、建物を取得して新家主となるが、Cが建物を2001年4月1日から利用していれば建物の引き渡しがあるから、Cは、Aに対して、自己の借家権を対抗できるはずである（法31条1項）。

　ところが、Aは、建物譲渡特約上の地位を保全するために2001年3月に建物に仮登記を付していたので、譲渡特約の実行に伴い仮登記を本登記にすることによりAの登記が借家人Cより優先することになるので、CはA

に対抗できないことになってしまう。

しかし、これではCの保護に欠けることになる。そこで、Cが請求すると、AC間で、期間の定めのない借家契約が締結されたものとみなすこととされたのである（法24条2項。「法定借家権」）。

また、借地人であるB自身が、建物の譲渡後も建物の利用を継続する場合も、借地人だったBが請求をすると、Aとの間で期間の定めのない借家契約（借地権の残存期間があったときは、その期間とする借家契約）がされたものとみなすこととされたのである（法24条2項。「法定借家権」）。

(2) 建物譲渡特約付借地権の利用状況

建物譲渡特約付借地権は、ほとんど利用されていないと言っても過言ではない状況になっているものと思われる[1]。

定期借地権付住宅の供給は、平成5年頃から始まっているが、既に20数年が経過しているにもかかわらず、なぜ建物譲渡特約付借地権は、ほとんど利用されていないのであろうか。

おそらく、上記の「法定借家権」が発生してしまうことが多くの人にとって、この借地権を利用する意欲を失わせる原因となっているものと思われる。建物譲渡特約の実行により借地権が消滅し、土地が返ってくるAにとって、建物に借家人または元の借地人が法定借家権という権利を持ってしまうため、いわば、地主が大家になっただけのことであり、実質的にその土地と建物の利用はできないことに変わりはないからである。

なお、法24条には、平成11年の改正により3項が追加された。これは、同年、定期借家権が創設されたことに伴い、建物譲渡特約付借地権上の建物の賃貸借についても定期借家権の利用が可能となることを慮ってなされ

---

[1] 国土交通省　土地・水資源局　土地市場課『平成21年度　定期借地権付住宅の供給実態調査報告書』6頁。「累計での借地権の種類を見ると、一戸建持家、分譲マンションともほとんどが一般定期借地権であり、建物譲渡特約付借地権は僅少となっている」とされている。
『平成27年度　定期借地権付住宅の供給実態調査報告書』（平成29年5月　一般財団法人都市農地活用支援センター　定期借地権推進協議会）の7頁表7（「借地権の種類・地域別供給量（累計）」）、表8（「借地権の種類別・権利の種類（累計）」）によっても、定期借地権の合計の供給量が4350販売単位（同一の建売住宅又はマンション等で同時に販売又は入居者募集がされた住宅群）に対して、建物譲渡特約付借地権の販売単位は、一戸建持家48、及、分譲マンション8にとどまっている。

たものである。この定期借家権と本条2項の法定借家権との関係については、およそ3つの説があるとされている[2]。3説のうち、最も定期借家権の成立を広く認める説に従った場合には、法定借家権の請求の前後を問わず、AとCとの間で定期借家契約の締結（合意）がなされれば、定期借家契約が法定借家権に優越するとされる。即ち、終了に際し、正当事由の具備の有無は考慮されない。

しかし、この説に立ったとしても、AとCとの間で定期借家契約が締結（合意）される必要があるところ、AはCとの間で確実に定期借家契約を結べる保証は何もない。

即ち、平成11年の改正により法24条に3項が付加されても、地主のAにとって、30年以上後に土地と建物が完全に自分のものになる保証がないことに変わりはないのである。その結果、現在に至るまで、建物譲渡特約付借地権の利用がほとんど見られない状況になっているものと思われる。

(3) 新たな提言

そもそも、上記のとおり、理論上は、地主であり賃貸人であるAが土地を貸した後、建物が建築されるのと同時に、建物譲渡特約上の権利を保全するために所有権移転請求権保全の仮登記をすれば、その後の借家人等はAに対抗できないはずである。建物所有者であった借地人も、建物を譲渡している以上、その建物をその後も利用できる根拠はないはずである。しかし、平成3年の立法当時は、建物利用者の保護を重視していたために、このような「法定借家権」が創設されたのである。

しかし、その後、平成11年に定期借家権が創設され、建物の賃借人の保護は、従来の普通借家権（正当事由及び法定更新制度により保護される借家権）とは、そのレベルが大きく異なることになった。即ち、期間の満了により必ず終了し、再契約しない限りは、契約関係が続行しない借家形態ができたのである。そうである以上、建物の賃借人等に対して、期間の満了後も、必ず建物の利用を保護しなければならないとする理由はない。それにもか

---

[2] 田山輝明・澤野順彦・野澤正充編（2014）『新基本法コンメンタール　借地借家法』149頁（多田利隆）日本評論社。

かわらず、建物譲渡特約付借地権において、このような法定借家権を維持しておく必要性は極めて乏しいと考える。

実際上、これほど建物譲渡特約付借地権の利用がなされていないということは、法律制度としては不完全または不成功と評価せざるをえないのではないであろうか。そして、その理由が法定借家権の発生にあるということは、ほぼ明らかであると思われる。

また、建物の賃借人などの利用を保護するために、法定借家権を付与するという理念は、その後の定期借家権の創設により大きく低下したのであるから、今後、法定借家権を発生させない方向での法改正が望まれる[3]。

3 事業用借地権について

(1) 事業用借地権の意義と内容
①存続期間が30年以上50年未満の場合（法23条1項）[4]

専ら事業の用に供する建物（居住の用に供するものを除く。次項において同じ）の所有を目的とし、存続期間を30年以上50年未満として借地権を設定する場合において、「契約の更新及び建物の築造による存続期間の延長がなく、並びに第13条の規定による買取りの請求をしないこととする」旨の特約を付すと、法9条、16条（強行法規）にかかわらず、その特約は有効とされる結果、更新がなされないこととなり、借地権は消滅する。なお、契約は公正証書によることが必要である。

②存続期間が10年以上30年未満の場合（法23条2項）[5]

専ら事業の用に供する建物の所有を目的とし、存続期間を10年以上30

---

[3] 法定借家権は、通常、普通借家権として行われることになるところ、この法定借家権の発生を排除するような特約は強行法規違反として無効とされている。そして、普通借家権における正当事由の適用の運用次第においては、法24条で借地権を消滅させる意義が大幅に減殺する結果になるとの指摘がなされている（田山輝明・澤野順彦・野澤正充編（2014）『新基本法コンメンタール　借地借家法』149頁（多田利隆）日本評論社）。

[4] 一般定期借地権を事業用に限定し、かつ、期間を短縮したものであるので、「事業用定期借地権」と称するのが適当とされている（田山輝明・澤野順彦・野澤正充編（2014）『新基本法コンメンタール・借地借家法』137頁（澤野順彦）日本評論社）。

年未満として借地権を設定する場合は、（当然に）法3条から8条まで、及び13条及び18条の規定は、適用されないものとされる結果、期間の満了により借地権は消滅する。なお、契約は公正証書によることが必要である。

（2）事業用借地権改正の経緯

事業用借地権については、従来は法24条に規定されており、存続期間が10年以上20年以下とされていた（建物の種類等については、現行法と同様）。

このように、事業用借地権は元々短期型の定期借地権として創設されたのであるが、前述したとおり、建物譲渡特約付借地権がほとんど利用されていない結果、50年以上の期間を要する一般的借地権と、10年以上20年以下という短期の事業用借地権との間に空白が生じてしまうこととなった。そのため、平成19年の12月に借地借家法が改正され、「事業用借地権」については、存続期間の長期を20年以下から30年未満に引き上げ、同時に、新たに存続期間を30年以上50年未満とする「事業用定期借地権」が創設されたのである。

また、従来は建物譲渡特約付借地権を旧23条に規定し、旧24条に事業用借地権が規定されていたが、その改正の際、法23条と法24条を入れ替えることとなったのである。

（3）建物の種類について

事業用借地権・事業用定期借地権ともに、対象となる建物（借地上に建築することを許される建物）は、「専ら事業の用に供する建物（居住の用に供するものを除く）」の所有を目的とする場合に限られる（法23条）。この制約は、旧24条で事業用借地権が制定されたときから不変である。

このような制約の理由は何であろうか。

端的に言えば、その理由は、居住の保護である。即ち、短期の借地権（旧法10年以上20年以下）を利用した建物に居住することを認めると、期間

5）旧24条の「事業用借地権」と同様とされている（田山輝明・澤野順彦・野澤正充編（2014）『新基本法コンメンタール・借地借家法』137頁（澤野順彦）日本評論社）。ただし、期間は10年以上20年以下だったものが、10年以上30年未満に伸長された。

の満了により借地契約は終了し、建物は取り壊されることになるため、短期間で居住できなくなる権利関係の発生を許すことになるからであると考えられる[6]。

要するに、期間が10年以上20年以下という短期型の定期借地権として構成された事業用借地権を利用した建物に居住することは許されないということであり、即ち、短期間しか居住できない権利は認められないということであったものと考えられる。

しかし、その後の2つの法改正により、このような立法当初の環境は、大きく変化することとなった。

まず、平成11年の定期借家権の創設により、短期間の借家による居住も許されることとなった。

次に、平成19年の事業用定期借地権等の期間の延長（10年以上50年未満）により、事業用定期借地権等は、必ずしも「短期」とは言えなくなったのである。

（4）新たな提言

たとえば、都心に土地を所有している地主（A）が、ディベロッパーのBから、事業用借地権による新しい事業スキームを提案されたとする。

具体的には、Aが居住していた自宅を取り壊し、店舗、オフィス等が入る複合ビルを建築する。ただし、土地は売るのではなく、事業用定期借地権として30年以上50年未満の期間を設定するような場合である。Aとしては、①売却はしたくないので、将来必ず土地が返ってくることを目標とすること、②また、その期間も、50年以上の長期間にわたるのではなく[7]、30～40年くらいの期間にしたいという希望から、この提案に乗りたいと考えた。ただ、長年住み慣れた町であるので、死ぬまではこの町に住み続けたいと考え、最上階にペントハウスとして自宅として使える居住スペース

---

6) 山野目教授は、「……短い期間の定期借地権類似の借地権を居住用で認めることになり、これは、本法が前提とする基本的な考え方に反する」とされる（稲本洋之助・澤野順彦編（1993）『コンメンタール・借地借家法』171頁（山野目章夫）日本評論社）。
7) 一般定期借地権（法22条）を利用する場合には、期間は50年以上が必要となる。

を作ってもらいたいということを条件につけた場合を想定する。このような建物を作ることで誰も迷惑を被らなければ、何ら権利も侵害されないにもかかわらず、現行の事業用借地権及び事業用定期借地権においては許されないことになるのである。

しかし、このような社会のニーズに答える必要はあると思われる。また、過去の立法の経緯とその後の改正の内容を考えれば、10年以上50年未満とされた事業用定期借地権等について、一律に建物の種類を事業用に限定し、居住用の建物を除くとしなければならない理由はもはや存在しないのではないであろうか。

事業用建物としての限定を全て削除することも考えられるが、せめて、必ずしも短期とは言えない借地権となる事業用定期借地権（30年以上50年未満）の場合には、事業用建物の限定を外しても良いのではないか。

または、少なくとも地主が自己が居住するために自己借地権を設定するという形で建物の一部に居住空間を設ける場合には許容するという、さらに限定する考え方も成り立ちうるのではないであろうか。

4　定期借家権について

(1) 定期借家権の意義と内容

定期借家権とは、平成11年の借地借家法の改正により創設された借家権であり、期間の満了により終了し、更新しない借家権のことである（法38条）。

定期借家権の内容（要件）は、以下のとおりである。

①確定期限

建物賃貸借について一定の契約期間を定めること（法38条1項）。

②特約

契約の更新がないこととする旨の特約を定めること（同条同項）。

③書面の作成

公正証書等の書面により契約をすること（同条同項）。

④事前説明

契約の前に、賃貸人が、賃借人に対し、定期借家契約である旨を記載し

た書面（事前説明文書）を交付して説明すること。

定期借家契約においては、賃貸人が定期借家契約を締結するに際し、契約書とは別に事前に書面を交付し、さらに、これから結ぼうとしている契約は定期借家契約である旨を口頭でも説明しなければならない（同条2項）。

このような事前の書面による説明を怠った場合には、形式的に定期借家契約書が作成されていたとしても、上記②の特約は無効とされる結果、そこで締結された契約は普通借家契約となってしまう（同条3項）。

⑤終了通知

定期借家契約をした場合、賃貸人は期間満了の1年前から6ヶ月前までの間に賃借人に対し、期間の満了により建物の賃貸借が終了する旨の通知をしなければならない（同条4項本文）。

通知を怠った場合には、定期借家契約の終了をもって対抗することができない。終了の通知を怠っても、改めてその通知をした日から6ヶ月の期間の経過により定期借家契約は終了することになる（同項但書）。

⑥法定中途解約

期間の定めのある契約においては、原則として中途解約をすることは許されない。なお、中途解約とは、合意による解約のことではなく、賃借人などからの一方的意思表示により解約の効果を生ずる旨の意思表示のことであり、解約権留保の特約がある場合に限り許されることとなる。

定期借家権においては、期間の途中であっても200㎡未満の居住用の建物については転勤・療養・親族の介護その他やむをえない事情により賃借人が建物を自己の生活の本拠として使用することが困難となったときは賃借人は中途解約の申し入れを行うことができ、その申し入れを行った日から1ヶ月を経過することによって定期借家権は終了する（同条5項）。

この中途解約の規定は強行法規として保護されている（同条6項）。

⑦賃料増減額請求権の排除

定期借家権においては、契約の自由を徹底させる趣旨から、特約により賃料増減額請求権は排除することができる（同条7項）。

(2) 定期借家権についての問題点
①事前説明について

上記のとおり、定期借家契約の締結に際しては、事前に契約書とは別に事前説明のための書面を作成し、これを交付した上で、さらに口頭で説明もしなければならないこととされている。

それでは、賃貸人と賃借人となろうとする者との間で、既にこれから結ぼうとしている借家契約は定期借家契約であり、期間の満了により終了し更新しないものであることが十分に認識されている場合でも、この規定は適用されるのであろうか（典型的には、同一当事者間において、同一物件につき数回にわたり定期借家契約の再契約がなされているような場合である）。

この点について、最高裁は以下のとおり判示した。

「法38条1項の規定に加えて同条2項の規定が置かれた趣旨は、定期建物賃貸借に係る契約の締結に先立って、賃借人になろうとする者に対し、定期建物賃貸借は契約の更新がなく期間の満了により終了することを理解させ、当該契約を締結するか否かの意思決定のために十分な情報を提供することのみならず、説明においても更に書面の交付を要求することで契約の更新の有無に関する紛争の発生を未然に防止することになるものと解される」

「以上のような法38条の規定の構造及び趣旨に照らすと、同条2項は、定期建物賃貸借に係る契約の締結に先立って、賃貸人において、契約書とは別個に、定期建物賃貸借は契約の更新がなく、期間の満了により終了することについて記載した書面を交付した上、その旨を説明すべきものとしたことが明らかである」

「そして、紛争の発生を未然に防止しようとする同項の趣旨を考慮すると、上記書面の交付を要するか否かについては、当該契約の締結に至る経緯、当該契約の内容についての賃借人の認識の有無及び程度等といった個別具体的事情を考慮することなく、形式的、画一的に取り扱うのが相当である」

「したがって、法38条2項所定の書面は、賃借人が、当該契約に係る賃貸借は契約の更新がなく、期間の満了により終了すると認識している

か否かにかかわらず、契約書とは別個独立の書面であることを要するというべきである」

「これを本件についてみると、前記事実関係によれば、本件契約書の原案が本件契約書とは別個独立の書面であるということはできず、他に被上告人が上告人に書面を交付して説明したことはうかがわれない。なお、上告人による本件定期借家条項の無効の主張が信義則に反するとまで評価し得るような事情があるともうかがわれない。そうすると、本件定期借家条項は無効というべきである」（最高裁平成24年9月13日。判決民集66・9・3263　要旨）

このように、最高裁は、立法の経緯からすれば、当事者間において具体的に定期借家である旨の認識が十分にあった場合でも、形式的かつ画一的に、事前説明文書の作成・交付と説明を要するものとしているのである。

②法定中途解約について

法定中途解約の条項は、賃借人の保護のために議員立法の過程で追加された条項である。

しかし、元々、中途解約は、解約権留保の特約がある場合に限り許されるのであって、確定期限を定めた以上、本来、普通借家契約であっても中途解約は特約がない限り許されないのが原則である。

定期借家に限り、このような中途解約を強行法規としてまで保護する理由はあるのであろうか？

(3) 新たな提言

上記の事前説明及び法定中途解約についての条項は、いずれも不当であると考える[8]。

まず、定期借家権が創設されてから、既に20年近くが経過しており、「更新がない」ことについては、国民に十分に周知されている。また、そも

---

8) 定期借家推進協議会では、定期借家権の創設後、この点についての改正の要望を国会等に対して行ってきている。

そも、定期借家においては、公正証書などの書類を作成することが義務づけられており（要式契約）、口頭でも成立しうる普通借家契約とは一線を画している。そして、多くの場合には、不動産の仲介業者が介在するのであり、そこでは、重要事項説明もなされることになる。さらに、その上に、屋上屋を重ねるような形で事前説明文書が必要とすることは、あまりにも迂遠であり、手続き面の負担を大きくするだけのものと言わざるをえない。

まして、このような事前説明を怠った場合には定期借家契約の特約の部分が無効となるため、普通借家契約になってしまうのであるが、その場合、たとえば仲介業者がその事前説明を行うことも受任していた場合において[9]、定期借家契約が認められず普通借家契約になってしまった場合は、依頼主である賃貸人から立ち退き料及び裁判費用等の損害賠償請求を受けるおそれが生じてくるのである。

その結果、多くの不動産仲介業者の中で、定期借家契約を賃貸人となるべき家主に推薦することについてのマイナスのインセンティブが働くことになることは論を待たないところである。定期借家契約は、未だその普及率が低いものと言われているが[10]、そのように定期借家の普及促進を妨げる大きな原因のひとつとして、この事前説明の負担があると思われる。

最高裁判例が指摘しているとおり、この点について立法の経緯からすれば、解釈論において乗り越えるのにも限界があると言わざるをえない。したがって、一刻も早く、法律改正をすることにより事前説明義務の廃止がなされるべきである。

次に、法定中途解約であるが、この点、普通借家契約においても、中途解約は、解約権留保の特約があった場合に限り許されるところ、定期借家に限り、中途解約を普通借家よりも強く保護する理由は見いだしがたいことは言うまでもない。

したがって、定期借家契約においても、普通借家契約と同様に、中途解

---

[9] 不動産の仲介業者は、重要事項説明は自らの義務として行うことになるが（宅地建物取引業法35条）、事前説明については、別途、賃貸人から委任を受ける必要がある。

[10] 平成28年度に、民間賃貸住宅に住み替えた世帯の賃貸契約の種類を見ると、定期借家制度利用の借家は2.2％である（平成29年3月　国土交通省住宅局「平成28年度　住宅市場動向調査報告書」）。

約は、解約権留保の特約が当事者間の合意で定められた場合に限り許されるものとするべきである。即ち、法38条6項の強行法規の条項は削除し、任意法規化するべきである。

5 終身借家権について

(1) 終身借家権の意義と内容

　終身借家権は、平成12年に成立し、翌13年から施行された「高齢者の居住の安定確保に関する法律」（以下、「高齢者住まい法」という）により創設された新しい借家権の類型である。

　終身借家権とは、高齢者単身・夫婦世帯等が終身にわたり安心して賃貸住宅に居住できる仕組みとして、賃借人が生きている限り存続し、死亡したときに終了する賃借人本人一代限りの借家契約を結ぶことができる制度である。

　賃借人が生きている限り存続し、死亡したときに終了するという意味で不確定期限付き建物賃貸借であり、かつ、その賃借権については相続権が排除されている。

　終身借家権が認められるための主な要件・内容は以下のとおりである。

① 終身借家契約を締結するためには、その契約は公正証書等の書面によって行われなければならない（高齢者住まい法52条、54条2号）。

② 終身借家権による賃貸事業を行わんとする者は、都道府県知事の認可を受けなければならない（同法53条）。

③ 終身借家制度を利用して賃借人になろうとする者は、60歳以上の高齢者でなければならず、同居する者も配偶者もしくは60歳以上の親族に限られている（同法52条）。なお、配偶者については、60歳以上の者には限られないし（同法62条）、婚姻の届出をしていないが事実上夫婦と同様の関係にあるものを含むとされている（同法7条1項4号。内縁関係にある者のことである）。

④ 終身賃借人の死亡、または期間付き死亡時終了建物賃貸借において賃借人の死亡があったとき、同居者がそれを知った日から1月を経過す

るまでの間は、同居者は引き続きその建物に居住をすることができる（同法61条）。
⑤終身借家契約において賃借人が死亡した場合、居住していた配偶者や同居の親族が賃借人の死亡を知った日から1月以内に、賃貸人に対し引き続き居住する旨の申出を行ったときは、賃貸人はその配偶者らとの間で終身借家契約を締結しなければならない（同法62条）。

(2) 問題点

このような終身借家権についての問題点は何かと言えば、上記の要件のうちの③の「賃借人の資格」についてである。即ち、同居の親族も60歳以上でなければならないとされている点である。

配偶者（内縁を含む）は60歳未満であるとされていることに対して、同居の親族は60歳以上になることが必要とされている。兄弟姉妹であれば、姉も妹も共に60歳を超えるケースは多く見受けられることと思うが、親子の場合はどうであろうか。

現在の少子高齢化の時代においては、独身で過ごす子供も多くいると思われる上、親子で同居するニーズも少なからずあるように思われる。その場合、子が60歳を超えるまで待たねばならないとすると、多くの親は90歳を超えるようなことになってしまうのではないであろうか。いかに高齢化が進むとはいえ、そのような超高齢者にならない限り終身借家契約を利用できないということは、あまりにも制度の門戸を狭くするものと言わざるをえない。

終身借家権の普及状況は、非常に低いものにとどまっているが、それは、このような同居人の資格を制限していることも大きく影響しているものと思われる。

(3) 新たな提言

したがって、新たな提言として、終身借家権においては、このような同居人の資格の限定を直系卑属についてだけは削除されるべきであると考える。

直系卑属が60歳未満として終身借家権を利用できることとしても、少なくも、60歳以上の親が存命中には何ら問題は生じないのではないであろうか。

　立法者は、そのような若い世代が、終身借家権をその後も利用できることに危惧を感じたものと思われる。もし、そうであるとするならば、同居していた親が死亡した場合においては、同居している60歳未満の直系卑属については、上記1の⑤継続居住の保護は認めないこととし、ただし、上記1の④の一時居住の保護を他の同居の親族より長めにする等の手当をすれば足りるのではないであろうか。

　配偶者を含めて同居の親族は、賃借人が死亡した後、死亡を知った日から1ヶ月間は引き続き居住をすることができるのであるが、たとえば、その期間を60歳未満の直系卑属については1年間とする等の方策である。

　以上の新しい方策をまとめると、①直系卑属に限り同居の親族として60歳未満の者も認める。②しかし、高齢者が死亡した場合には、継続居住の保護は与えられない。③ただし、1年間の一時居住の保護は与えられるということになる。

　同居親族の資格（年数）の点は、明確に法律で規定されているため、立法による解決を待つしかないと思われるが、終身借家権のさらなる普及、促進を目指すために上記のような改正が必要であると考える。

1-5 最近の諸問題を踏まえた不動産取引

弁護士
柴田 龍太郎

1 はじめに

　2012年に（一社）不動産適正取引推進機構の依頼で「最近の諸問題を踏まえた不動産取引」という今回と同テーマで講演を行った。そのときの具体的な内容は、①確定測量図の取扱いの留意点、②消費者契約法は不動産売買契約にまで影響を及ぼしはじめている、③売主の瑕疵担保責任は無過失責任、瑕疵ある物件を仲介した業者の責任は過失責任、④実務で留意すべき最近の瑕疵担保に関する判例、⑤中古物件の取引の留意点、⑥災害と不動産管理・取引、⑧反社会的勢力排除条項について等であった。

　今回、上記と同様のテーマで原稿執筆依頼を受けて具体的な問題点を考えてみたが、不動産取引をめぐる状況は当時とはかなり変化していると思われた。その第1は、2020年4月1日から施行される改正民法（債権法）の前倒しの影響である。改正民法は当事者の具体的な合意を重視する特徴があるが、既に、大手の売買契約書を見ると特約・容認事項が細かく書かれるようになっており、今後はそのスタイルがスタンダードな形になっていくと思われる。第2は、外国人との取引の増大である。その結果、標準売買契約・賃貸借契約等の統一化が図られ、その翻訳文書の公表が必要となると思われる等、今後の課題も多いように思われる。外国人との取引に関する諸問題の具体的解説については、本シリーズ各論Ⅰにおける高川佳子弁

護士の論考に譲りたい。ところで、第1のテーマと第2のテーマは一見別々の問題に見えて、実は同一の水脈に根差すと思っている。改正民法が「日本の社会通念」より「具体的な当事者の合意」を重視する諸制度を導入することは日本社会のグローバル化のきっかけとなり、その結果、外国人との取引も増加するということなのだ。本稿では、それらの背景事情と諸問題について私なりに考えていることをまとめるとともに、改正民法施行に向けて不動産業界で早急に検討・準備すべき諸課題についてまとめておきたい。

2　民法（債権法）改正の理由

　法務大臣が法制審議会に対する諮問（2009年10月、諮問第88号）に記載した、見直しの目的（観点）は、「①社会・経済の変化への対応を図ること、②国民一般にわかりやすいものとすること」であったが、従前の改正目的に関する議論を見ているとそれ以外にも派生的目的として、③条文のあり方を変える、④国際的な取引ルールとの関係と整合を図るということもあると思う。[1] 明らかに④の視点があることは改正民法のたたき台を作成する目的で2006年に設立された「民法（債権法）改正検討委員会」の設立趣意書を見ればわかる。すなわち、同趣意書には「市民社会の枠組を定める基本法である民法典は、その制定から120年を経て、債権編を中核とする部分について、抜本的な改正の必要性に直面している。すなわち、経済や社会は制定時の予想を超える大きな変化を遂げ、また市場のグローバル化はそれへの対応としての取引法の国際的調和への動きをもたらした。これら前提条件の質的変化は、新たな理念のもとでの法典の見直しを要請している」とある。また、今回法務副大臣に就任した葉梨康弘衆議院議員のホームページにも、「民法は、経済取引の基本原則であり、今回の改正でも、従来判例で積み上げられてきたものを法律上明文化するという改正事項も多

---

1) ちなみに、2015年3月31日の衆議院に対する民法の一部を改正する法律案の提出理由は次のとおりであった。「社会経済情勢の変化に鑑み、消滅時効の期間の統一化等の時効に関する規定の整備、法定利率を変動させる規定の新設、保証人の保護を図るための保証債務に関する規定の整備、定型約款に関する規定の新設等を行う必要がある。これが、この法律案を提出する理由である」

いが、わが国に対する海外からの投資を促進するためにも、このような『民法典の近代化』は必須で、アベノミクスの基礎的なインフラを担うものといえる」と記載されている。現に改正内容を見ると一般的規範（社会通念）を重視する大陸法系（シビル・ロー）を継承した旧民法の諸制度を、当事者の具体的合意を重視する英米法系（コモン・ロー）の思考で修正している。例えば、①契約締結時に既に契約の目的物が消滅している「原始的不能」の効果を、旧法時の無効から有効なものに転換し、契約解除や損害賠償（履行利益）で処理するようにしている。いったん成立した合意を重視するあらわれである。②契約締結後、引き渡し時までに契約の目的物が消失する「危険負担」の効果を、債務の当然消滅から合意した契約を存続させるという思考を前提として、債務の履行の拒絶あるいは契約解除で処理するようになった。③極めつけは、契約の目的物に「取引上の社会通念に照らし通常有すべき性状、性能を有しない瑕疵」がある場合の「瑕疵担保責任」制度は廃止され、当事者の合意を重視する「契約の内容に適合しない場合の売主の責任」制度となったことである。

3 「責めに帰すべき事由」の位置づけの変化
――特に契約不適合責任に与える影響

　債務不履行の際の損害賠償請求の要件となる「責めに帰すべき事由」の位置づけの変化も、今後の不動産取引実務を考えた場合、極めて大きな影響があると思われる。それは、当初消去も検討された「責めに帰すべき事由」の要件は実務界からの反対を受けて残ったものの、その枕言葉に「契約及び取引上の社会通念に照らし」という文言が入ったことで、従来の過失主義は事実上無過失主義に転換されるのではないかということなのだ。この点は、民法改正法案を審議した国会でも問題とされ、衆議院法務委員会の参考人となった加藤雅信名古屋学院大学法学部教授は、今回の改正の目的は、過失責任である現民法を無過失責任の英米法へ転換しようとするものだと明言し、少なくとも、「契約及び取引上の社会通念」の解釈をめぐり今後実務は混乱するであろうと述べている（192回国会衆議院法務委員会議

事録10号)。国会における議論は必ずしもかみ合うものでなかったが[2]、少なくとも法制審議会の部会資料の中でも「損害賠償の免責の可否について、売主の債務のような結果債務については、債務不履行の一般原則によっても、帰責事由の欠如により損害賠償責任につき免責されるのは実際上不可抗力の場合などに限られるとの見方もある」(部会資料75A、17頁)とされており[3]、今後、特に契約不適合の損害賠償責任を考えると履行利益の損害賠償責任が原則となるように思われる。次の事例を通じて旧法の「瑕疵担保責任」による処理と新法の「契約不適合責任」の処理の違いについて考えてみたい。

【検討事例】

売主A(一般人で商人ではない)は先般、分譲のための土地を探していた宅建業者Bに所有地(更地)を売却した。その後、宅建業者Bが分譲区画のための掘削工事を始めたところ、危険な有害物質が発見され、除去しなければ分譲地として販売できないとの連絡が入った。売主Aもこの土地を5年前に投資用で購入したのだが、全く危険な有害物質の存在は知らなかった。おそらく、以前、所有していた者の誰かが廃棄したものだったようだ。売主Aは買主である宅建業者Bから、有害物質の除去費用を請求され、さらに、直ちに売却できなかった損失あるいは転売利益について損害賠償請求を要求されているが、それに応じなければならないか。

---

[2] 山野目教授は、その著書の中で、この点を次のようにわかりやすくまとめている。「新415条の債務不履行責任は、無過失責任である。これは正しいか?→正しくない。新415条1項ただし書き参照」「新415条の債務不履行責任は、過失責任である。これは、正しいか?」「少なくとも誤解を与える表現である。709条と責任の構造・趣旨が異なる」(新しい債権法を読みとく90頁)

[3] 山野目教授も「免責事由の判断は、不法行為上の過失の判断とは異質のものであり、予見可能性のみを問題としているような思考は許されない。したがって、損傷が生じたことについて売主の所作による加功がなかったとか、損傷について売主に認識可能性がなかったという事情があったとしても、当然に免責事由の存在が認められるものではない。売主が知らない損傷について債務不履行の損害賠償責任はありうる、と考えるべきであり、どのように個別の解決を考えるべきであるかが、このような一般的な指針のもとに見定められるべきである」と解説している(法曹時報68巻第1号4頁、「新しい債権法を読みとく」186頁)。

【現民法の瑕疵担保責任】

　瑕疵担保責任について特約を設けていなかったとすれば、売主Aは有害物質の存在を知らなかったとしても、分譲地としてふさわしくない土地を売却したことになり、無過失責任（法定責任）としての瑕疵担保責任を負うことになる。この場合、売主Aは責めに帰すべき事由がなくても買主Bに対し、信頼利益を賠償しなければならないとされている。信頼利益が何を意味するか、過去の判例を見ても必ずしも明確ではないが、少なくとも有害物質の除去費用の請求には応じる必要があるであろう。ただし、直ちに売却できなかった損失あるいは転売利益は履行利益になるので、それは賠償する必要はないことになる。ちなみに、権利行使の期間については、まず、引き渡しの時から10年の時効にかかるというのが最高裁判例（最判平13年11月27日）である。なお、買主が瑕疵を知った時から1年以内に権利行使しなければならない。ちなみに、売主が隠れたる瑕疵について悪意・重過失があった場合には履行利益が問題とされるが、「契約の解除又は損害賠償は、買主が事実を知った時から1年以内に行使しなければならない」という期間制限は、売主の主観を考慮していないので適用されることになる（部会資料75A23頁3　記述箇所は、24頁4行目）。

【改正後の民法】

　改正後の民法では瑕疵担保責任という用語は廃止され、「契約の内容に適合しない場合の売主の責任」（以下「契約不適合責任」という）となる。その法的性質は契約責任と説明されており（部会資料75A7頁）、契約不適合にともなう損害賠償義務が発生するためには、売主Aに「契約その他の債務の発生原因及び取引上の社会通念に照らして責めに帰すべき事由」があることが必要であるが、前記の部会資料75A、17頁の趣旨によれば、不可効力以外の場合は売主に履行利益の損害賠償責任が発生する可能性がある。それでは不可抗力の場合とはどのような場合か考えてみよう。例えば売主は契約締結に際しては専門家の調査等により有害物質が存在しないことを確認していたが、残金決済の直前に見知らぬ第三者が有害物質を投げ入れて汚染したような場合等であろう。ただし、有害物質を投げ入らせない管

理行為の欠如が「責めに帰すべき事由」として問題視されることもあるかもしれないが、いずれにしても、5年も所有しながら調査もせずに漫然と分譲業者に売却したのであれば、仮に有害物質の存在を知らなくとも分譲地としてふさわしくない、契約不適合の土地を売却したことは否めないから責めに帰すべきことになろう。また、法制審議会の議論の当初においては「責めに帰すべき事由」の要件を消去しようとした前述の経緯や、存置後も「責めに帰すべき事由」がないことの立証責任は売主側にあることは改正民法415条1項ただし書きで明記されているので、売主の損害賠償責任（履行利益）が認められる可能性は高いと思われる。その場合には、有害物質の撤去費用のほか、予見すべきであったとの法的評価がなされた場合には、直ちに売却できなかったことの損害や転売利益についても賠償義務が認められる可能性が高くなる。

このように契約不適合が認められる場合の売主の責任は格段に重いものとなり、売買契約に当たってはインスペクション（専門家による調査）が前提とされるようになると思われる。また、今後TPPやアメリカとのFTA（2国間協定）等が締結されれば、アメリカ型のノンリコースローンといわれるような種々の形態のローンが日本国内においても導入される可能性がある。この場合は瑕疵担保保険におけるインスペクションと同様、金融機関からの要請で専門家の調査が常態化する方向にいくものと思われる。筆者は最終的にはエスクロー制度の導入が図られるかもしれないと考えている。今後の研究課題とすべきである。

ちなみに、2106年の宅建業法の改正により、消費者が安心して既存中古住宅の取引を行える市場環境の整備を目的として、宅地建物取引業者に対して次の事項を義務付けることとしているが（2018年4月1日施行）、民法改正後は、売主は重たい契約責任を負わないために、売主側が積極的にインスペクションをせざるを得なくなると思われる。

①媒介契約の締結時に中古住宅に対する建物状況調査（インスペクション）を実施する者のあっせんの有無に関する事項を記載した媒介契約書の依頼者への交付

②買主等に対して、建物状況調査の結果の概要等を重要事項として説明
③売買等の契約の成立時に、建物の状況について当事者の双方が確認した事項を記載した書面（宅建業法37書面）の交付

　なお、仮に、売主において「責めに帰すべき事由」がないことの立証に成功した場合には、売主に損害賠償義務は認められないが、買主は相当の期間を定めて履行の追完（修補・有害物質の除去）の催告をし、売主がその期間内に履行の追完をしないときは、買主は意思表示により、その不適合の割合に応じて代金の減額を請求することができることになる。いわば従前の信頼利益に当たる部分が代金減額部分に相当するとの見解もあるが、あながち不当ではなかろう。いわば、従前の瑕疵担保責任の効果の原則（信頼利益）と例外（履行利益）が逆転した結果となるのである。
　ところで、この代金減額請求権は、契約違反による履行利益としての損害賠償請求や解除とは両立するものでないことは注意を要する。ただし、相当の期間を定めて追完を請求したにもかかわらず、売主が応じない場合には、買主は事実上代金減額請求あるいは解除権行使を選択できることになる。

【契約不適合の場合の損害賠償責任と代金減額請求】

損害賠償請求（履行利益）	「売主に責めに帰すべき事由」は必要であるが、責めに帰すべき事由のなかったことの立証責任は売主にある。
代金減額請求（形成権）	「売主に責めに帰すべき事由」がない場合に買主に認められる形成権。契約内容に適合しない結果生じる損害賠償請求（履行利益）、解除とは両立しない。

　権利行使の期間は、まず、①権利行使できる時（引き渡し）から10年の時効にかかることになる。②ただし、買主がその不適合の事実（数量不足を除く）を知った時から1年以内に当該事実を売主に通知しないときは、買主

は、その不適合を理由とする履行の追完の請求、代金減額の請求、損害賠償の請求又は契約の解除をすることができない。この規律も消滅時効の一般原則を排除するものでないので、制限期間内の通知によって保存された買主の権利の存続期間は、不適合を知った時から5年の時効にかかることになる。ただし、売主が引き渡しの時に目的物が契約の内容に適合しないものであることを知っていた時又は重大な過失によって知らなかった時は、1年以内に通知しなければならないという通知義務は免除されることになる。この場合には、他の契約違反の時効と同様、買主が権利を行使できることを知った時から5年又は権利行使できる時（引き渡し）から10年の時効にかかることになる。

4　契約不適合責任に関する買主と売主の権利行使の攻防に関するチャートと特約・容認事項の重要性

（1）売主・買主の攻防

改正民法施行後、契約不適合に関する買主と売主の権利行使の攻防が実務的には大きな問題になると思われるので、権利行使の順番を整理しておきたい。ただし、追完請求なくして損害賠償請求をなし得るのかについては基本的部分で議論の対立があり、今後の標準売買契約書の作成に当たって難題になると思われる。いずれにしても契約不適合責任の問題が生じないように、効果的なインスペクションを実施の上で適切な特約・容認事項を取り決めておくことがますます重要になると思われる。

（ⅰ）原則的順序[4]

（ⅱ）例外的順序（履行の追完不能や無催告解除の要件がある場合）
　　→直ちに代金減額請求あるいは無催告解除
　履行の追完が不能等（563条2項①〜④）である場合は、買主は直ちに代金減額請求可（A不要）。
　追完が不能な要件には、無催告解除の要件として認められている「三　債

務の一部の履行が不能である場合又は債務者がその債務の一部の履行を拒絶する意思を明確に表示した場合において、残存する部分のみでは契約をした目的を達することができないとき」がないので、両者の要件は必ずしも合致しないことに留意すべきである。上記の三の要件がある場合は、「契約の目的を達することはできない」のであるから、追完請求、代金減額請求による救済にはなじまないということであろう（部会資料75A15頁）。無催告解除

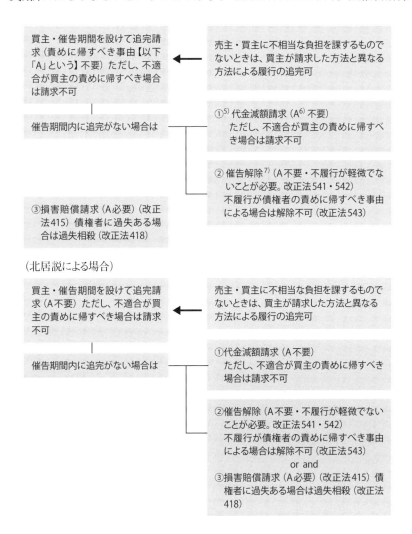

は全部不能を含めたものであるのに対し、担保責任の代金減額は一部不能が前提となっているため（履行の追完は一部不能な部分についての追完の問題である。）、規定振りに差異が出ているに過ぎない。したがって、無催告解除をした場合には、代金減額請求、追完請求は両立しないということである。

（2）中古物件売買の特約・容認事項

（ⅰ）「契約の内容に適合しなくても売主は責任を負わない」という特約は有効か

「契約の内容に適合しなくても売主は責任を負わない」という特約は契約違反があっても責任を負わないということであり、自己矛盾ではないか、あるいはモラルハザードに陥るのではないかとの問題提起をしてきたが、法務当局は原則としては有効であると考えているようである。現在でも、契約違反であっても損害賠償責任を負わないという特約があり、有効とされているということを根拠とするようである。ただし、売主が事業者で買主が消費者である消費者契約法が適用される売買契約の場合、売主が宅建

---

4) 私は、損害賠償請求については、代金減額請求のように追完の催告は要件とされていないので独立して請求できると解している。法務省大臣官房審議官ら著作（一問一答民法（債権関係）改正・商事法務）も同趣旨と思われるが（同書341頁）、次のような北居功説がある。すなわち、「この場合、買主は、原則として修補を請求しなければならない。修補が不能な場合、売主が修補を明確に拒絶する場合、定期行為の場合、あるいは、その他修補請求が無意味な場合に、買主は修補を請求することなく、代金減額等の救済手段に訴えることができるに過ぎない（改正法563条2項、514条2項、542、415条2項）。買主がまず修補を請求せずに、自ら修補し、あるいは第三者に修補させた場合、修補を免れた利得分は売主は買主に返還すべきとの見解もあるが、買主は売主の修補の権利、とりわけ瑕疵を自ら検証する権利を侵害しているため、買主は自ら修補費用を負担すべきとの見解もあり得る」（北居功・日本不動産学会誌No.116、22頁）。この北居説の問題意識は、損害の立証の問題として処理されるべきであろう。
潮見教授も「履行利益賠償のうち、『追完に代わる損害賠償』が問題となる局面では、『履行に代わる損害賠償』に関する民法415条2項にあらわれている考え方が基本的に妥当する（その結果、まず追完請求することが原則となる（追完請求権の優位性）」としている（民法（債権関係）改正法の概要264頁）。
5) ①と②③は両立しない。
6) Aは、「責めに帰すべき事由」を指すこととしている。以下、同じ。
7) 改正法で、この追完に関する催告解除類型が認められたことで従前判例が認めなかった「暴力団事務所」の存在が解除事由になりうるか注目されている。買主は、売主に対し、「1ヵ月以内に交渉で暴力団事務所を立ち退かせろ、と催告し、それがなし得ない場合は解除する」といった催告解除すれば、特に居住用の場合は解除が認められやすくなるのではないか。事業用の場合は、事務所の存在が軽微な不履行といえるか問題となる。

業者で買主が宅建業者以外の宅建業法が適用される売買契約の場合は、消費者契約法8条、宅建業法40条の規定により無効となるであろう。

　改正後、宅建業者は通知期間を2年以上としなければならず、例えば、「契約不適合責任を全く負わない」「契約不適合責任の通知期間を引渡後1年とする」というのは、無効となるが、フッ素の汚染の存在が明らかな土地の売買契約において「宅建業者たる売主と買主（非宅建業者）は、本件土地のフッ素の土壌汚染の存在を契約に適合するものとし、フッ素の土壌汚染について契約不適合責任を負わない」という特約をしても良いことになると思う[8]。今後、個々のケースの実務上の積み上げの中で特約が有効となるケース、無効となるケースは出てくるし、多くの議論もなされると思うが、このような合意は、契約不適合責任を導入する以上は許されるはずである。ただし、その特約内容に応じた然るべき代金減額をしていない場合などは、宅建業法40条の趣旨を没却することを理由とし、または、公序良俗あるいは消費者契約法10条に反して無効になる可能性はあると思う。

(ⅱ)「契約の内容に適合しなくても責任を負わない」という特約は、実務では買主の信頼を失う文句なので、何か適した言葉（説明）はないか？

　「瑕疵担保責任を負わない」という現在の特約に匹敵する言葉としては「契約の内容に適合しなくても責任を負わない」という特約表現になると思う。もしこの表現を避けるとすれば、「土壌汚染があっても責任を負わない」「雨漏りがあっても責任を負わない」というように個別列挙していくこ

---

[8]　弁護士熊谷則一氏は、「土壌汚染があるか不明」であるというのは、単に売主の認識を開示したに過ぎないから、特段の事情がない限り、土壌汚染があれば契約不適合責任は免れないとし、特に宅建業者が自ら売主となる場合には、契約不適合責任につき、通知期間を除き、民法よりも買主に不利な特約を設けることはできないので、改正された民法の下で、「土壌汚染があるかどうか不明である」「雨漏りがあるかどうか不明である。」といった約定を設けて宅建業法40条の拘束を回避できないものと考えるとの趣旨を言っている（一社）土地総合研究所（編）民法改正と不動産取引52頁）。この問題にも関連するが、売買の目的物の品質が不明であることを契約の内容として明確に規定し、さらに代金決定にも盛り込んであれば買主は契約不適合責任を追及できないはずであるとの主張もある（望月治彦・日本不動産学会№116、62頁）。この議論は、「土壌汚染の可能性はあるが売主は契約不適合責任を負わない。」という特約の効力についても影響するものと思われるが、今後の議論に注目したい。

1-5　最近の諸問題を踏まえた不動産取引

とになると思われる。ただし、その場合でも買主のリスクに応じた代金減額を明記しておくべきである。

(ⅲ)「契約の内容に適合しなくても売主は責任を負わない」という特約をしていたのに、売主が雨漏りの事実を知っていた場合、売主は雨漏りについて責任を負うか

　旧民法の572条に対応する規定は改正後も残るので、雨漏りがあり、居住用建物として契約の内容に適合しないことを知りながら、「契約の内容に適合しなくても売主は責任を負わない」という特約をしても、雨漏りについては契約不適合責任を負うことになる。そのようなトラブルを避けるためには、「本件建物には雨漏りがあるが、買主はそれを認識、容認して本件建物を購入するものであり、雨漏りについては、買主は売主に対し、契約不適合責任、その他の法的請求をしないものとする」との特約を明記しておくべきである。

ポイント

　「契約の内容に適合しなくても売主は責任を負わない」という特約をしていたのに、売主が雨漏りの事実を知っていた場合、売主は雨漏りについて責任を負うことになる。

(ⅳ) 中古物件の売買契約で「雨漏りがあっても契約不適合責任を負いません」という特約をした場合、実務上配慮すべきことや注意すべきことがあるか

　取り壊し目的の売買でない限り、買主は居住用物件として雨漏りのない建物の取得を希望しているはずであるので実務上は次のような配慮が必要である。
　①実際に雨漏りが発生しているのであれば、雨漏りがどこにあるのか特定し、その修繕にどの程度の費用がかかるのか明確にして雨漏りがない場合の代金から引いておく。
　②雨漏りの可能性しかわからない場合には、その旨を明確にし、買主が

改　正　法	現　　行
（担保責任を負わない旨の特約） 第572条 売主は、<u>第562条第1項本文又は第565条に規定する場合における担保</u>の責任を負わない旨の特約をしたときであっても、知りながら告げなかった事実及び自ら第三者のために設定し又は第三者に譲り渡した権利については、その責任を免れることができない。 （注）「第562条第1項…で規定する場合」とは「引き渡された目的物が種類、品質又は数量に関して契約の内容に適合しないものであるとき」（新第562条第1項）を意味し、「第565条に規定する場合」とは「売主が買主に移転した権利が契約の内容に適合しないものである場合（権利の一部が他人に属する場合においてその権利の一部を移転しないときを含む）」（新第565条）を意味しており、売主の担保責任が生ずる場面に即してこれを網羅的に表現することとしている（部会資料84-3、21頁）。	（担保責任を負わない旨の特約） 第572条 売主は、<u>第560条から前条までの規定による担保の責任を負わない旨の特約</u>をしたときであっても、知りながら告げなかった事実及び自ら第三者のために設定し又は第三者に譲り渡した権利については、その責任を免れることができない。

　行う場合の調査費、修繕費用等のリスク負担等を明確に容認してもらい、相当な価格の減額を行っておく。

　ちなみに、取り壊し目的であれば、特約条項にその旨を明確にしておく。

取り壊すことを前提とする場合の特約
「本件土地上の建物は現に雨漏りも存在する等、各箇所に経年変化等による老朽化が著しく進んでいるものであるが、買主は本件建物を取得後すみやかに取り壊すことを前提としていて購入するものであり、居住目的で購入するものではない。そのため、売主は建物取壊料として売買代金から

金○○万円を値引きしている。したがって、本件建物に不具合や居住に適さない状況があるとしても、それらは契約不適合に該当するものでなく、買主は、売主に対し契約の解除、修繕請求等の追完請求、代金減額等の法的請求及び金銭的請求をなし得ないことを確認する」

　取り壊しを前提としていないがかなり古屋の場合
「買主は引き渡しから1年以内に契約不適合に関する通知をしなければならない。ただし、本物件は築20年を経過しており屋根等の躯体・基本的構造部分や水道管、下水道管、ガス管、ポンプ等の諸設備については相当の自然損耗・経年変化が認められるところであって、買主はそれを承認し、それを前提として本契約書所定の代金で本物件を購入するものである（それらの状況を種々考慮、協議して当初予定していた売買代金から金150万円を値引きしたものである）。買主は、それぞれの設備等が引き渡し時に正常に稼働していることを現地で確認したが、引き渡し後に自然損耗、経年変化による劣化・腐蝕等を原因として仮に雨漏り、水漏れ、ポンプ等の設備の故障等があったとしても、それらは契約不適合責任に該当するものではなく、買主は、売主に対し契約の解除、修繕請求等の追完請求、代金減額等の法的請求及び金銭的請求をなし得ないことを確認する」

5　今日の常識が明日は通用しない時代が到来する

　2018年4月1日から施行される建物状況調査のあっせん制度について、仲介の際に説明しなかったところ、たまたま中古物件について「隠れたる瑕疵」が発見されて問題となり、後で「建物状況調制度」を知った買主が仲介業者に対して、「なぜ仲介に先立ち『建物状況調査』を説明してくれなかったのか、説明してくれていれば、その制度を利用したかったし、あっせんしてくれる業者に仲介業者に依頼をしたはずである。売主が建物状況調査の同意をしなければ、買主の一存で建物状況調査ができないこともわかったが、そもそも売主が同意しない物件を買わなかったはずである。今回、『隠れたる瑕疵』ある物件を買ったのは、そもそも『建物状況調査』

の説明をしてくれなかった仲介業者の責任である」とのクレームにつながる恐れが大である。また、民法施行前の売買契約書なり賃貸借契約書をそのまま民法施行後に使用すると、売買契約[9]においても賃貸借契約[10]についても一部無効の条項が存在することになるため、ここでも業者責任が問われかねない。2016年の宅建業法の改正が、「宅地建物取引士は、宅地又は建物の取引に係る事務に必要な知識及び能力の維持向上に努めなければならない」（第15条の3）、「宅地建物取引業者は、その従業者に対し、その業務を適正に実施させるため、必要な教育を行うよう努めなければならない」（第31条の2）、さらには、「宅地建物取引業者を直接又は間接の社員とする一般社団法人は、宅地建物取引士等がその職務に関し必要な知識及び能力を効果的かつ効率的に習得できるよう、法令、金融その他の多様な分野に係る体系的な研修を実施するよう努めなければならない」（第75条の2）と明記としたのは、まもなく不動産業界を取り巻く大きな社会情勢の変化があり、それに備えて研修・学習しなければ、今日まで問題なくできていた仕事が明日からはできなくなるという危機的現実を踏まえたものと思われる。この点は官民・業界を挙げて対応すべき課題である。

---

9) 施行前の標準売買契約書の使用した場合
　施行前の標準売買契約には瑕疵担保責任に関する規定がある。しかし，施行後は瑕疵担保責任制度は廃止され、「契約の内容に適合しない売主の責任」（以下「契約不適合」という）となる。そして、瑕疵担保制度における買主救済のメニューは契約の目的を達しない場合の無催告解除と損害賠償請求（原則信頼利益の賠償。ただし、売主が隠れたる瑕疵について悪意の場合は履行利益）だけであるのに対し、契約不適合の場合の買主救済のメニューは、追完請求、代金減額請求、契約解除（催告解除・無催告解除）、履行利益の損害賠償請求となる。そうだとすると、「隠れたる瑕疵」を「契約不適合」と読み替えたとしても、買主の救済メニューは足りないことになり、そのような契約書を使用して売買契約を締結させた仲介業者には、専門家としての注意義務違反があるとして責任問題が発生することになろう。

10) 施行前の標準賃貸借契約を使用した場合
　施行前の標準賃貸借契約の個人連帯保証人の条項には極度額の規定がない。そうすると改正民法第465条の2第2項は、「個人根保証契約は、前項に規定する極度額を定めなければ、その効力を生じない」と規定しているので、個人連帯保証は効力を生じないことになり、そのような契約書を使用した業者の責任はまぬがれないであろう。

1-6

金融商品取引法と不動産業

弁護士
田村 幸太郎

1 はじめに——問題意識

　ごく最近まで、不動産取引は宅地建物取引業法（以下「宅建業法」という）の枠組みで、金融商品取引は証券取引法の枠組みで、それぞれ独立して規制され完結していた。2007年9月から金融商品取引法（以下、「金商法」という）が施行されることになり[1]、この関係は大きな変容を受けることになった。2018年現在、不動産取引は金商法の理解なく進めることはできないと言っても過言ではない。

　ただし、ここで述べる不動産取引や不動産業とは、不動産投資市場に関係する話である。いわゆる不動産投資市場という、投資を目的とした収益不動産の売買及び運用を行う市場が2000年以降に出現したが、金商法はその中で展開される不動産取引や業態に関係するものであり、不動産業全体に適用があるわけではない。しかし、不動産業における資金調達構造の変化[2]という現象は、不動産業全体にも影響を与えるようになっている。例えば、オフィスビルや商業施設、マンション等の開発プロジェクトでは、

---

[1] 金融商品取引は、2006年（平成18年）6月に成立した「証券取引法の一部を改正する法律」（平成18年法律65号）により、従前の証券取引法が全面的に改正されてできた法律（2007年9月30日施行）である。
[2] 不動産業に不可欠な資金調達が金融機関による企業金融から直接金融に移行しているという点が本質的な現象であるが、その仕組みに金商法が必ず関係するのである。

金融機関からの借入れによるものだけではなく、ファンド型の資金調達を行うものも出てきている。当初は伝統的な開発事業としてデベロッパーのバランスシートで開発する不動産も、出口としてリートへの売却を念頭におくことは少なくない。実物マンションの販売においても、信託受益権という形態で流通する例も存在する。不動産投資市場は、オフィス市場、住宅市場の需給関係と相互に影響し合い、消費者間の流通市場にも影響を与えている。

不動産会社は、金商法のもとで、自らまたは子会社等を通じて金融商品取引業者として登録をするべきか決断を迫られるようになった。不動産信託受益権[3]の売買の代理・媒介行為を業として行う場合には、金商法上の第二種金融商品取引業の登録が必要となる。顧客が不動産信託受益権投資をする場合には、投資助言業や投資運用業の登録をし、資産運用業務を受託する。大規模な不動産会社であればリートを傘下に擁することが珍しくなくなってきているので、グループ会社の中に投資運用業の登録をする運用会社を持つことになる。もちろん現状においても現物不動産の取引だけに携わる不動産業者は多いが、それだけでは規模の大きい不動産取引に関与することが難しくなっている。

金商法が不動産業に与えた大きな影響は、資本市場にいる顧客へのアクセスを可能にしたことであり、そのために、不動産業においても、上場しているか否かにかかわらず、法令遵守・内部管理、リスク管理及び内部監査等の重要性の認識が高まり、会社の業務内容等に応じた適切な組織体制を構築しているかを常に検証することが必要となってきた。その反面、法令の適用関係が複雑になり、業務運営の維持コストが相当な負担となっている。

以下では、金商法と不動産特定共同事業法（以下、「不特法」という）を中心に、①不動産取引や不動産業に影響を与える法規制の変遷と、②不動産投資商品に関する複雑化した法規制の現状について、私見を交えて述べたい。

---

[3] 特に法律上の定義はないが、不動産やその利用権を主たる信託財産とする信託の受益権をいう。

2　法規制の変遷

(1) 信託受益権取引の出現

　1990年代後半から始まった不良債権処理の一環である不動産流動化は、2001年のリート初上場、2008年のリーマンショック後におけるリート改革を経て、2020年に向けリート等の資産総額を30兆円に倍増することを目指す政府の政策目標[4]とまでなっている。不動産市場と金融市場を繋げるインフラとしてのリートを中心に、不動産業の中でも資産運用型のビジネスが発展してきた。その流通市場における特色は、不動産資産は相当程度が信託受益権化されているということである。

　リートやGK-TK方式[5]（図表4参照）の商品と比較すると、宅地建物（以下、「現物不動産」という）のみを対象とする不特法上の商品は市場規模が非常に小さいが[6]、不特法は個人投資家向けの現物不動産の投資商品に関する仕組みを提供する等[7]の役割を果たしながら、金商法と歩調を取って改正されてきた。

　金商法が不動産業に影響を与えるようになった法形式上の根拠は、不動

---

[4]　日本再興戦略2016（2016年6月2日閣議決定）では、観光や介護等の分野における不動産の供給を促進するとともに、クラウドファンディング等の小口資金による空き家・空き店舗の再生等に必要な法改正等を一体的に行い、2020年頃までにリート等の資産総額を30兆円に倍増することを目指すとしている。

[5]　特別目的会社の形態としては、できる限り簡易な組織として、1990年代後半から2005年の会社法制定までは有限会社を利用していた。有限会社と匿名組合のローマ字の頭文字を取ってYK-TK方式と言われる仕組みで、1997年頃から使われるようになった。会社法施行後は合同会社を利用しているのでGK-TK方式と実務的に呼称している。

[6]　2016年度不動産証券化の実態調査（国土交通省）では、取得した資産規模で言うと、リートが2.3兆円、特定目的会社が1.3兆円、合同会社（GK-TK方式）が1.1兆円のところ、不特法上のスキームでは0.2兆円となっている。

[7]　不特法上の商品は、1980年代後半から売り出された不動産小口化商品に沿革を有している。許可を受けた事業者が不動産取引から生ずる収益を投資家に分配するため、任意組合や匿名組合契約を投資家と締結して出資を受け、対象不動産を保有し、一定期間の運用後売却する仕組みである。不動産共有持分の一括借り上げスキームも規制の対象となっている。
　不特法の功績は1995年の施行以後、不適切な不動産共同投資商品の出現を防いできたことにあると思う。ただし、不特法は、マンションの区分建物の専有部分やアパート一棟等、単独で処分可能な不動産に対する一括借り上げスキームや、組合出資を伴わない不動産投資商品までを対象としていない。

産信託受益権が金商法上の有価証券とみなされるようになったことにあるが、その契機は不特法の施行（1995年）であった。

以下では金商法と不特法の変遷を見ながら不動産業に適用される法規制の変遷を見ていこう。

(2) なぜ不特法が信託受益権取引を生み出したか

1980年代後半のバブル経済は不動産金融バブルだったので、1990年代後半における日本の課題は、不良債権処理と表裏一体の関係にある担保不動産の処分であった。その際に不動産バブルを引き起こさない仕組みが求められたが、投資家（最初は外国投資家が多かった）が担保不動産の処分やバルクセールにファンドの形態で参入したこともあり、特別目的会社（SPC）を利用した取引を生み出した。この現象を不動産流動化や証券化と呼んでいるが、当時は事業会社のバランスシートで不動産投資を行える状況ではなかったということでもある。

この仕組みは、単純化すると図表1のようなものになる。特別目的会社は金融機関からの借入れ[8]と投資家からのエクイティ出資で対象不動産を取得する資金を調達することになるが、エクイティ出資の方法は匿名組合出資方式が適切と認識された[9]。ここで問題が生じたのは、不動産取引（不特法上の定義で、宅建業法上の宅地建物の売買、賃貸又は交換とされている）をするために匿名組合出資を受ける者（匿名組合契約上の営業者）は、1995年以降、不特法上の許可を得ることが義務づけられたことである。そのために、特別目的会社の保有資産を現物不動産ではなく不動産信託受益権にせざるを得なかったのである。

不特法上の許可の対象は不動産特定共同事業であるが、この事業は不動産特定共同事業契約を締結して不動産取引から生ずる収益の分配を行う行為と定義されていたため、図表1のような特別目的会社の行う事業がまさ

---

8) この時から日本においても責任財産限定特約付融資、つまりノンリコースローンが本格的に始まった。
9) 単純化して言えば、会社が資本金でエクイティを増やすと登録免許税が高くなり、また株主に対する配当において二重課税を回避できないが、匿名組合契約に基づく匿名組合出資ではそれらを回避できる。

1-6　金融商品取引法と不動産業

図表1 不特法上の許可が必要な仕組み

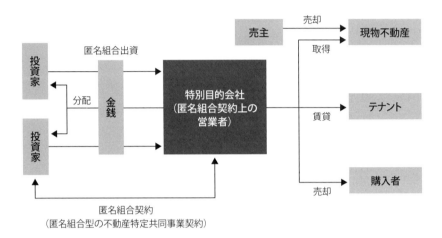

に不動産特定共同事業に該当する。しかし事業者の許可の要件として、宅建業の認可を受け資本金1億円以上の株式会社であること等厳しい要件が課されたため、これを具備する特別目的会社を組成することは事実上不可能であった。この許可取得義務を避けるために、特別目的会社は、図表2のように売主が設定した不動産信託の受益権を取得し、保有し、売却することになった。信託を設定すると信託受託者が不動産取引を行うことになり、事業者（営業者）は不動産取引の主体ではなくなり、不特法の適用は受けないことになるからである。

不動産信託受益権の保有主体である特別目的会社は、売主が信託の設定をしてくれれば、特に行政手続きを経ることなく、ノンリコースローンと匿名組合出資を受け、信託受益権を取得し、売却できたわけである。この仕組みは、その後、2004年に匿名組合出資が証券取引法上のみなし有価証券として規制され、2005年から信託受益権の販売代理・仲介行為が信託業法[10]上の信託受益権販売業として規制されるようになるまで、何らの規制を受けることなく取引を行うことができた。

不動産証券化が本格化した1997年当時から市場参加者は事実上プロ投資家がほとんどであったし、日本経済にとって喫緊の課題であった不良債

図表2　不特法の適用がない仕組み

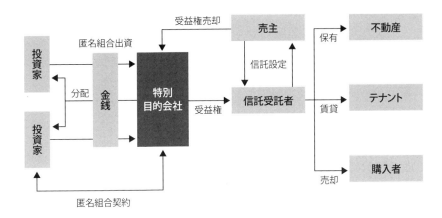

権処理のための有益な仕組みである以上、規制よりも流動化の促進が優先されたわけである。

　信託受益権取引が不動産投資スキームでスタンダードになった背景には、現物不動産の取引と比較して流通コストが安価になるという点と、信託銀行による受託競争という側面もあった。信託受益権化には信託銀行による信託の引受が必要であるため、流動化に適する不動産情報を豊富に有している信託銀行のマーケティングの力が大きかった。

　また、現物不動産の売買と比較すると、不動産信託受益権の売買は、不動産所有権移転登記に伴う登録免許税、地方税法上の不動産取得税、不動産売買契約に貼付する印紙代、不動産抵当権設定登記に要する登録免許税が不要になるので、その費用節減効果には相当のものがある。もちろん、信託受益権を取得するためには、最初に現物不動産を所有する者が当初委託者になって受託者との間で信託契約を締結することが必要であり、また

---

10)　2005年11月26日に改正信託業法が成立し、12月3日に公布され、12月30日に施行された。改正信託業法第2条第10項で信託受益権販売業を「信託の受益権（証券取引法第2条第1項に規定する有価証券に表示される権利及び同条第2項の規定により有価証券とみなされる権利を除く）の販売又はその代理若しくは媒介を行う営業をいう」と定義し、信託受益権販売業の登録を行った者に限り信託受益権の販売又はその代理若しくは媒介が行えることとなった（同法86条）。不動産信託受益権の流通は、2005年から2007年9月までの期間、信託業法上規制されるようになったが、金商法の施行時に第二種金融商品取引業に移管された。

1-6　金融商品取引法と不動産業

当事者のいずれかが、受託者に信託報酬を支払う必要があるのでそれなりのコストがかかるが、信託銀行による不動産のチェック機能なども期待でき、一定規模の不動産の場合には、コストと比較しても費用節減効果を得ることができる。

（3）不特法と金商法の関係

　不動産の共同投資の仕組みを提供する不特法が、施行後まもなくその適用を回避されるべき法律と意識されるようになったことは皮肉なことであるが、1990年代後半からの不良債権処理に伴う不動産流動化は、個人投資家を対象としないプロ投資家によるリスクの高い投資行為であったため、どちらかと言えば個人投資家を念頭においていた不特法とは別の流れを造り出してきた。その流れが信託受益権化であり、法形式的には金商法上の有価証券の定義が拡大され、金商法が信託受益権を対象とする仕組みを規制していくことになる。

　不特法の制定当時から、不動産投資商品も証券取引法で規制するべきか、新たな投資家保護法のもとで規制するべきかの議論があり、結果的に、その当時の債権流動化法、商品ファンド法と同様に新たな投資家保護法として不特法が制定された。宅建業法上の不動産取引から派生する投資商品であり、現物不動産固有の取引特性と業態が既に確立していたからである。逆に不特法の中で信託受益権も規制対象とする考え方もあったが、信託は既に信託業法によって規制されていたので除外された。その後も金商法制定時に不特法を金商法に収斂させる議論があったが、引き続き不特法は存続し、不特法に金商法上のいくつかの行為規制を準用することとした。

　不特法は、その後2013年に金商法上の仕組みでは一般化されていた倒産隔離型の仕組みを導入する改正を行い、さらに2017年には、クラウドファンディング[11]の方法を解禁したので、現物不動産だけを対象にした不特法と、信託受益権を対象にした金商法は、大きな二つの流れとして法技術

---

11) 不特法上の「電子取引業務」は、「電子情報処理組織を使用する方法その他の情報通信の技術を利用する方法であって主務省令で定めるものにより、勧誘の相手方に不動産特定共同事業契約の締結の申込みをさせる業務」と定義されており（不特法第5条第1項第10号）、不特契約締結の「申込み」がインターネット等で行われる場合がこれに該当する。

的に近づいてきている。もっとも、二つの法律は近づいてきたが完全に一緒になっているわけではない。

3 不動産投資商品に関する法規制の現状

(1) 不動産信託受益権

　現物不動産（宅地建物）の流通を規制する法律である宅建業法でも、金商法制定時に信託受益権に関する規定を置かざるを得なくなったように[12]、今や収益不動産の流通において不動産信託受益権の流通が占める割合は相当なものであると推察される。

　金商法の制定時に、不動産信託受益権が金商法上の「みなし有価証券」となったことで、新しい業態も整備された。不動産信託受益権に対する投資判断や投資助言を業として行う不動産投資顧問会社（実務上、アセットマネジャーと呼ばれることが多い）は、金商法上、「投資運用業」もしくは「投資助言・代理業」の登録をすることが必要となった。さらに、匿名組合出資などを受けて不動産信託受益権を保有する特別目的会社は、自らが有価証券の投資事業を行う主体となり、業として行う場合には、原則的に投資運用業（自己運用業）（自己運用行為も金商法上の金融商品取引行為と定義された）の登録が必要とされることとなった。これらは、不動産信託受益権の「みなし有価証券」化が基礎となっている。

　不動産取引に慣れた眼からは、有価証券にまつわる概念は理解が難しい。私法上の受益権の譲渡は、当初委託者が譲渡する時には金商法上の新規有価証券の発行[13]に該当し、その後の受益権の譲渡は既発行有価証券の売買に該当する。そして新規有価証券の発行に伴う勧誘行為（これは当初

---

12) 金商法施行に伴い、宅地建物取引業者が自ら有する宅地建物を信託財産として信託を設定（自ら当初委託者となった場合）し不動産信託受益権を販売する際に、重要説明事項が追加された（宅建業法第35条第3項）。また、宅地建物取引業者が金融商品取引業者でもある場合には、自らが当初委託者であったかどうかにかかわらず、不動産信託受益権あるいは不動産信託受益権を投資対象とする匿名組合出資者の権利を販売、販売の代理、仲介をする場合も同様である（宅建業法第50条の2の4）。

13) 金融商品取引法第2条に規定する定義に関する内閣府令第14条に発行者と発行時期に関するみなし規定があり、当初委託者兼当初受益者が受益権というみなし有価証券の発行体とみなされ、また当該受益権を譲渡する時に発行されたとみなされる。

委託者自らが行う場合には「私募」あるいは「公募」という概念になり、自己募集とも言われる）は、不動産信託受益権というみなし有価証券においては、金融商品取引行為に該当しないよう定義されているが[14]、発行に際して発行者のために第三者が投資家勧誘行為を行う場合は、私募や公募の「取扱い」という金融商品取引行為を行っていることになる。したがって、当該第三者には第二種金融商品取引業の登録が必要となる、というように有価証券特有の概念の理解が必要となっている。

さらには、不動産信託受益権が証券取引法から発展した金商法上で規制されることになったことにより、解釈が難しい場面もある。例えば、当初委託者から「みなし有価証券」である信託受益権を取得した者がその直後に転売するような場合には、証券の「引受」行為に該当し、第一種金融商品取引業の登録や認可が必要ではないかという疑問や[15]、信託受益権の売却時になって既に合意されていた運用会社の報酬を下げることが投資家に対する損失補てんや利益保証等の禁止行為に抵触するのではないかという疑問[16]等、実務の感覚から違和感があるものの条文の形式的解釈からは法令に抵触する可能性が指摘される場合もあり、その対応にエネルギーを使っているという現状はよく聞く話である。

（2）倒産隔離

不特法が信託受益権取引を生み出し、信託受益権が金商法上のみなし有価証券となることによって、法形式上は金商法が不動産取引に影響を与えることになったわけであるが、二つの法律が法技術的に近づいてきているという一つの場面を紹介する。

図表3は、不特法上の特例事業という商品の仕組み図である。不特法で

---

14) 金融商品取引行為は金商法第2条第8項各号に詳細に定義されており、対象となる有価証券の範囲が限定されているものもある。自己募集については同条第8項第7号に定義されているが、対象となる有価証券に不動産信託受益権は該当せず、匿名組合出資持分のような集団投資スキーム持分は該当する。したがって、当初委託者兼受益者は、不動産信託受益権の発行に際して自己募集しても（自ら取得の申込みの勧誘をしても）、集団投資スキーム持分の発行時の勧誘をする際に必要となる第二種金融商品取引業の登録は要しない。

15) 有価証券の私募や公募に際し当該有価証券を取得させることを目的として当該有価証券の全部または一部を取得する者を「引受人」と定義していることによる（金商法第2条第6項）。

16) 金商法第39条の損失補てん等の禁止規定参照。

図表3 倒産隔離型の不特商品（特例事業）

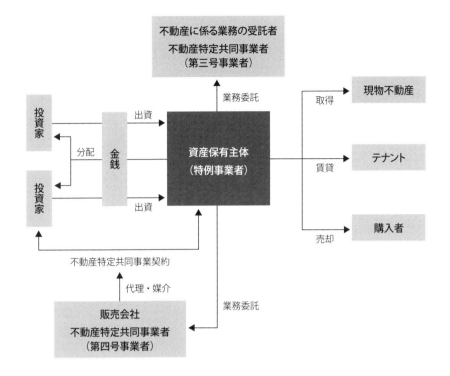

は従前、対象不動産を保有する法人は許可を受けた不動産特定共同事業者である必要があったが、2013年に特例事業という名称の仕組みが導入され、不動産保有主体は、「専ら不動産特定共同事業に係る行為を行うことを目的とする法人」であれば、許可を得ずに対象不動産を保有することができるようになった。もちろん、このような保有主体（特例事業者と定義されている）を利用して不動産投資商品を組成するのは簡単ではなく、特例事業者は「不動産取引に係る業務」を不動産特定共同事業者（第三号事業者といっている）に全て委託しなければならない。さらに、特例事業者は、投資家と締結する不動産特定共同事業契約の締結の代理または媒介を行う行為を、別の種類の許可事業者である不動産特定共同事業者（第四号事業者という）に委託しなければならない[17]。したがって、この商品を企画する場合、

1-6 金融商品取引法と不動産業

不動産の運用を行う第三号事業者と商品の販売を行う第四号事業者を両方確保する必要がある（同一の事業者が第三号事業と第四号事業の両方の許可を得ることは可能である）。

倒産隔離型と言われる所以は、不動産の保有主体が倒産しても投資家がその影響を受けない（あるいは受けにくい）仕組みだからであり、不動産投資商品で要求される一つの要素である（特別目的会社を利用する理由でもある）。不特法は、事業者の信用力や運用能力に依拠した仕組みとして出発したので、事業者自体が対象不動産を投資家のために保有し、運用するものであった（事業者のオンバランス取引であり、所有と経営が一致している）。しかし、不特法上も投資対象不動産が事業者の倒産手続きに組み込まれない仕組み（倒産隔離性）を作ることが望まれていたが、特例事業は、この倒産隔離性を可能にするものである[18]。

この結果、不特法上の特例事業商品は、信託受益権化取引の中で発展してきた図表4にあるようなGK-TK方式と非常に似た仕組みとなり、対象不動産が現物の不動産であるのか（主として不特法が適用）、信託受益権であるのか（金商法が適用）の違いだけになったと言ってもよい。

(3) 仕組みの多用化と適用法令の複雑化

2011年の不特法改正をもって、初めて現物不動産と信託受益権の投資スキームが均衡し、いわば車の両輪となり、投資家に多用なスキームの提供ができるようになった。という反面、法令がいわば重畳的に適用されることになり複雑になってきた。

不特法の特例事業においては、従前の不特法上の事業のように不特法だけで完結することはできない。投資家募集が金商法の適用を受けることになったからである。その改正経緯はともかく、投資家の取得することになる匿名組合契約上の権利は、金商法上の集団投資スキーム持分へと再定義され[19]、第四号事業者の許可要件の一つには当然のことながら、第二種金

---

17) 不特法第2条第6項参照。
18) 2013年に導入された特例事業の事業参加者はいわばプロ投資家としての「特例投資家」に限定されていたが、不特法が2017年にさらに改正され、特例投資家以外の一般投資家も一定の要件のもとに参加できることになった。

図表4 信託受益権を対象とするGK-TK方式

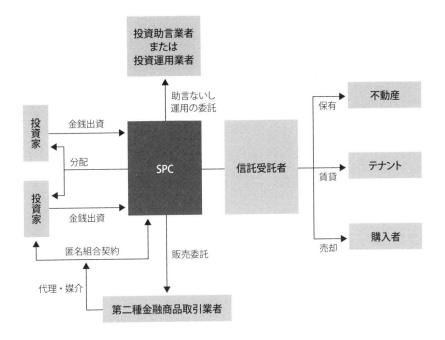

融商品取引業の登録をしていることが必要となった[20]。つまり、第四号事業者が投資家との不動産特定共同事業契約の締結の代理または仲介行為を行うという不特法上の行為は、同時に、第二種金融商品取引業者が集団投資スキーム持分の私募の取扱いを行う金商法上の行為となるので、二つの法律の行為規制を同時に満たす必要が生じている。例えば、不特法上の契約成立前書面の交付であり、金商法上の締結前書面の交付である。どちらの記載事項も似たようなところが多いので全く別の書面を作成するという感覚まではないが、厳密には様式を含めて相違はある。この商品には別途、金融商品販売法の適用もあり、投資家が個人である場合には、さらに消費者契約法の適用がある。いずれも商品販売上の説明責任に関係する条項があるため、不特法上の第四号事業者としては、不特法、金商法、金融商品

---

19) 金商法第2条第2項第5号の集団投資スキーム持分の定義の変更。
20) 不特法第6条第12号で許可の欠格事由という形式で許可の一つの要件となっている。

販売法、消費者契約法という4つの法令上の要件を全て満たす説明義務を負う。

4　最後に

　不動産投資は不動産取引を必然的に伴う。不動産取引の公正さの確保等を目的とする宅地建物取引業法はバブル経済崩壊時にも確固たる地位を占めていた。宅建業法は、不特法を必要とした。そして、1990年代後半から始まった不動産流動化は不特法の制定を契機として、逆に信託受益権取引を生み出し、資産流動化法の制定、投資信託及び投資法人に関する法律の改正、証券取引法の改正、金商法の制定となり、倒産法制や民法債権法の改正にまで少し影響を与えるほどの潮流となった。これらの法制度の変遷は、たかだか20年程度の間に新たな不動産ビジネスを興隆させたという観点からも感慨深いものがあるが、鑑定手法の変化から、法律のエンフォースメントの一場面である金融検査の深化まで、投資市場のインフラも整備されてきた。かなりのスピードであった。

　あまりに急速に複雑になった法令適用を、一本の法律にまとめるべきではないかというような思いもよぎるが、これら既存の法体系が歴史的経緯の中で形成されてきたという事実は重い。不動産業は、不動産取引の金融商品化という一つの潮流の中で、既に投資家保護の標準的な枠組みを形成していた証券取引法を学び、金商法に整合する形で業態を展開してきたことによって、バブル経済の中で不動産業をやっていた30年前には考えられなかったほど進展してきたように思う。

　法規制の根底には投資者の保護という最大の目的がある。誰もが投資者になる時代であり、不動産に関する消費者と投資者の区分も曖昧になる中で、投資者にとって何が一番有効で簡潔な法制度なのかという問題意識は続く。複雑に広がる関係法令の経緯や立法趣旨を整理し、法適用の射程範囲を地道に確認していく作業が当面の課題と考える。

1-7

近時の裁判例に学ぶ瑕疵担保責任と仲介業者の説明義務

弁護士
熊谷 則一

1　はじめに

　不動産は人々の生活や経済活動に不可欠な基盤であり、不動産を購入する買主は、瑕疵のない目的物を購入することを希望するのが通常である。しかし、残念ながら、売買の目的物に買主にとって予期せぬ瑕疵が存在することは少なくない。不動産が高価であることを考えると、瑕疵が存在する不動産を購入した買主が受けるダメージは決して小さくない。

　本稿では、近時の裁判例をいくつか取り上げつつ、売買の目的物に瑕疵が存在した場合の民法570条が定める瑕疵担保責任と、当該取引に媒介業者として関与した宅地建物取引業者にどのような民事上の責任が認められるかを概観する。

2　瑕疵担保責任

(1)「瑕疵」とは
①瑕疵の解釈

　売買の目的物に物理的な不具合や心理的な要因が存在した場合の瑕疵担保責任についての民法570条は、「売買の目的物に隠れた瑕疵があったときは、第566条の規定を準用する」と定めている。もっとも、何が「瑕疵」

であるかは定義されていないので、解釈に委ねられている。
　この点、多くの裁判例では、売買の目的物が「通常備えるべき品質・性能を欠いていたこと・備えていなかったこと」を瑕疵としている。さらに、最高裁昭和56年9月8日判決（判時1019号73頁）は、宅地造成を目的とする土地の売買の事案において、対象となる土地が森林法による保安林による保安林指定を受けて伐採等に制限が加えられているため売買目的を達成できない場合につき瑕疵であると判断している。すなわち、判例は、物理的なものに限らず、法律的な制限も契約目的に応じて「瑕疵」に該当しうるとしている。

②最高裁平成22年6月1日判決

　「通常備えるべき品質・性能を欠いていたこと・備えていなかったこと」が瑕疵であるとしても、「通常備えるべき品質、性能」をどのように判断するのかは、必ずしも明らかではない。学説では、「何が欠陥かは、当該目的物がどのような品質・性能が基準になるほか、契約の趣旨によっても決まる。つまり、契約当事者がどのような品質・性能を予定しているかが重要な基準を提供することになる」（内田貴「民法Ⅱ債権各論第3版134頁」）とされる等、具体的な契約との関係で瑕疵は判断されるという考え方が通説であるといえよう。
　このような中、最高裁平成22年6月1日判決（判時2083号77頁）は、瑕疵の考え方について重要な判断を示した。事案は、土地売買の事案である。当該売買契約時点では土壌汚染対策法がまだ施行されておらず、取引観念上、ふっ素が土壌に含まれることに起因して人の健康に係る被害を生ずるおそれがあるとは認識されていなかった。しかし、当該売買契約締結後に施行された土壌汚染対策法に照らせば、人の健康を損なう危険がある有害物質であるふっ素が、危険がないと認められる限度を超えて売買契約締結時点で売買の目的物である土地に存在した。このようなふっ素が瑕疵に該当するかが問題となった。
　原審は、新たに法令に基づく規制の対象となった場合であっても、当該物質が法令の限度を超えて土地の土壌に含まれていたことを民法570条に

いう瑕疵に当たると判断した。

　他方、最高裁は、「売買契約の当事者間において目的物がどのような品質・性能を有することが予定されていたかについては、売買契約締結当時の取引観念を斟酌して判断すべき」との判断を示した。その上で、「本件売買契約締結当時、取引観念上、ふっ素が土壌に含まれることに起因して人の健康に係る被害を生ずるおそれがあることは認識されておらず」「本件売買契約の当事者間において、本件土地が備えるべき属性として、その土壌に、ふっ素が含まれていないことや、本件売買契約締結当時に有害性が認識されていたか否かにかかわらず、人の健康に係る被害を生ずるおそれのある一切の物質が含まれていないことが、特に予定されていたとみるべき事情もうかがわれない」として、本件土壌に基準値を超えるふっ素が含まれていたとしても、民法570条の瑕疵には該当しないとした。

　最高裁平成22年6月判決により、「通常備えるべき品質、性能」を判断するにあたっては、通説同様、契約当事者が、取引観念も斟酌して契約においてどのような品質・性能を予定しているかが基準となることが明らかになった。不動産取引実務においても、「瑕疵」の判断にあたっては、具体的な契約との関係で、当事者が合意した「通常備えるべき品質、性能」を確定し、その品質・性能を有しているか否かを判断するという手順で判断することが有用である。

(2) 具体例の検討
①既存建物の劣化

　既存建物が売買契約の目的物である場合、築年数に応じた劣化が生じているのが通常である。また、既存建物の売買契約においては、「現状有姿にて引き渡す」旨の特約が設けられることが多い。そのため、既存建物に存在している物理的な不具合が瑕疵担保責任の対象たる瑕疵に該当するのかが争われることがある。

　（ⅰ）東京地裁平成18年1月20日判決[1]

---

1)　判時1957号67頁

建築後約21年が経過した建物の土台が白ありにより浸食され建物の構造耐力上危険性を有していたものにつき、瑕疵と判断された。裁判所は、「本件売買契約は居住用建物をその目的物の一部とする土地付き建物売買契約であり、取引通念上、目的物たる土地上の建物は安全に居住することが可能であることが要求されるものと考えられるから、本件建物が本件売買契約当時既に建築後約21年を経過していた中古建物であり、現状有姿売買とされていたことを考慮しても、本件欠陥に関しては瑕疵があったと言わざるを得ない」とした。

　構造耐力について特段の合意がなされていないとすれば、社会通念を含む契約の趣旨によって構造耐力についての品質性能を判断することとなり、居住用の建物であれば「安全に居住することが可能である」品質・性能が備わっていることが必要であるというのは、常識的な判断である。「現状有姿売買」というのは、現状のままで引き渡すということを表現したものであり、建物の品質・性能を表すものではない。したがって、「現状有姿売買」とされていても、構造耐力上危険性がある建物を引き渡してもよいということにはならない。

　（ⅱ）東京地裁平成25年3月18日判決[2]

　建築後約30年が経過した区分所有建物のサッシから室内の絨毯や畳を交換するほどの浸水があったことが瑕疵と判断された。裁判所は、「民法570条にいう瑕疵とは、売買契約の目的物が契約の趣旨に照らして通常有すべき品質性能を欠いていることをいうものと解されるところ、本件建物部分は、本件売買時点で建築後約30年が経過していた中古マンションの区分所有建物であったのであるから、その通常有すべき品質性能を欠いていたか否かについては、このような中古マンションであることを前提に判断されるべきものである」として、「当該サッシからの浸水が室内の絨毯や畳の交換を要する程度に及んでいることに照らせば、当該サッシの老朽化の程度は、その経年劣化を考慮しても、通常有する品質性能を欠くものであり、本件建物部分の瑕疵であるというべきである」と判断した。

---

[2] 判例秘書L06830300

「建築後30年の経年劣化」が生ずるとしても、居住用の建物の売買である以上、特段の合意がなければ、浸水するような品質・性能の建物を許容する契約ではない、ということであり、妥当である。

この他、(ⅲ) 東京地裁平成28年1月27日判決[3]は、建築後20年以上が経過している建物のエレベーターが経年劣化による部品の交換が必要な状態であったことにつき、「本件建物は建築から20年以上を経過していたのであるから、相応の補修等を要することが当然に想定される状態にあったといえる」として、エレベーターに交換を要する部品が存在したことは、建物の瑕疵に該当しないとした。

②地中埋設物・土壌汚染

地中には様々なものが混在している。したがって、地中埋設物や土壌汚染が「瑕疵」に該当するのかの判断にあたっては、契約当事者が、取引観念も斟酌して契約においてどのような品質・性能を予定しているといえるのかが重要になる。

(ⅳ) 名古屋地裁平成17年8月26日判決[4]

古くから陶磁器の生産地として著名な地域における土地に埋没していたコンクリート塊、陶器片、製陶窯の一部又は本体等が瑕疵と判断された。裁判所は、「本件廃棄物の性質はコンクリート塊、陶器片、製陶窯の一部又は本体、煙道と思われる煉瓦造り構造物等であり、これは産業廃棄物に当たるものであること、建物の基礎部分に当たり確認できた範囲においても、平均で深さ1.184メートル付近まで本件廃棄物が存在したこと、それが地中に占める割合においても3分の1を超えるものであったこと」を認定して、瑕疵であるとした。また、「売買の目的物たる土地が通常有すべき性状を有しているか否かはその土地の属する地域性に照らして判断すべき」との被告の主張に対しては、「一般論としては首肯できる部分もあるが、本件は地中に僅少の陶器片が埋没されていたような場合ではなく、廃棄物が大量に埋没されていた事案であり、かような大量の廃棄物が存することが本

---

3) 判例秘書L07130125
4) 判時1928号98頁

件土地の属する地域の一般的性状であるとは認められない」とした。

　契約で合意する品質・性能については、契約の趣旨として、当該土地の属する地域性も斟酌されるとしても、特段の合意なく、除去に多額の費用が必要な廃棄物が存在することを性質・性能として許容するような合意まではないといえよう。

　(ⅴ) 福岡地裁小倉支部平成21年7月14日判決[5]

　12階建マンションを建築するにあたり、岩塊、コンクリート埋設物、スラブ、アセチレンボンベ、鉄屑等が地中に埋設されていることが判明し、当初予定していた工法で基礎工事を施工することができなくなり、工法変更により工事費等が増加した場合につき、当該地中埋設物は瑕疵と判断された。すなわち、「瑕疵の有無は、売買契約において目的物の用途がどのようなものと想定されているかという点と、売買代金額その他の売買契約の内容に目的物の性状（品質）がどのように反映されているかという点とに照らして判断されるべきものであるということができる。そして、中高層建物の建築用地の売買においては、通常一般人が合理的に選択する工法によっては中高層建物を建築できないほどの異物が地中に存在する場合には、価格を含めた売買契約の内容がそのような事態を反映したものとなっていないときは、土地の瑕疵が存するというべきである」とした。その上で、本件土地は「取引通念上、本件土地上に中高層建物が建築されることは客観的に十分予想されるから、本件土地が中高層建物建築の用途に用いられ得ることを前提として瑕疵の有無を検討すべきである」とし、本件工法は通常一般人が合理的に選択する工法よりもコストがかかる工法であるとして、瑕疵であるとした。

　例えば、駐車場用地としてしか使用しない前提で売買することを売主と買主とで合意した場合には、駐車場に影響しない地中埋設物が存在しても、当事者が合意した通常有すべき品質・性能を欠くことはないとも考えられる。しかし、そのような特別の合意がないのであれば、当該土地で許容されている建物の建築に支障を来すような地中埋設物は、瑕疵に該当す

---

5) 判夕1322号188頁

るといえよう。

　同様に、(ⅵ) 東京地裁平成25年11月21日判決[6]は、売買契約上12階建てマンションを建築することが予定されている土地の売買において、ピットの建築に支障を来すコンクリート杭の存在を当事者の合意、契約の趣旨に照らして通常の又は特に予定されていた品質・性能を欠くとして、瑕疵であるとした。また、(ⅶ) 東京地裁平成21年2月6日判決[7]は、宅地として売買された土地の地中に存在した井戸孔につき、位置及び大きさに照らすと宅地として利用するためには井戸孔の撤去、地盤改良工事が必要であり、宅地として通常有すべき性状を備えていないとして、瑕疵であるとした。いずれも妥当である。

(ⅷ) 東京地裁平成24年9月27日判決[8]

　土地に含まれていたアスベストについて、瑕疵には当たらないと判断された。裁判所は、最高裁平成22年6月判決を引いた上で、「①石綿を含有する土壌あるいは建設発生土それ自体については、本件売買契約当時、法令上の規制はなく、②本件売買契約において求められていた性能は、土壌汚染対策法及び環境確保条例が定める有害物質が基準値以下であることであり、③本件売買契約当時の実務的取扱いとしても、石綿含有量を問わずに、石綿を含有する土壌あるいは建設発生土を廃石綿等に準じた処理をするという扱いが確立していたとはいえず、さらに、そもそも本件土地に含有されていた石綿が『土壌に含まれることに起因して人の健康に係る被害を生ずるおそれがある』限度を超えて含まれていた（最高裁平成22年判決参照）とも認められないから、本件土地に瑕疵があったとはいえない」とした。

　本件売買契約後の改正により、現在では、廃石綿等に該当しないものであっても、本件土地からの建設発生土における石綿の含有量によっては、石綿含有一般廃棄物（工作物の新築、改築又は除去に伴って生じた一般廃棄物であって、石綿をその重量の0.1％を超えて含有するもの）あるいは石綿含有産

6）　判例秘書L06830892
7）　判タ1312号274頁
8）　判時2170号50頁

業廃棄物(工作物の新築、改築又は除去に伴って生じた廃石綿等以外の産業廃棄物であって、石綿をその重量の0.1％を超えて含有するもの)に該当する可能性はある。しかし、本件売買契約時の法令では、そのような規制はなかったので、土地に含まれる石綿について売主と買主で特別の合意を行っていないのであれば、石綿が土地に存在していたとしても、瑕疵には該当しない。

③心理的瑕疵

売買の目的物である建物において過去に自殺があったことや、殺人事件等があったことは、いわゆる「心理的瑕疵」として議論される。瑕疵は、売買契約の当事者間において予定していた品質・性能を備えていないことである。したがって、心理的な要因であっても、当事者間で予定していた品質・性能を備えていないことになるのであれば、瑕疵に該当する。

(ix) 大阪高裁平成18年12月19日判決[9]

土地上にかつて存在した建物内で8年以上前に発生した殺人事件が瑕疵であるとされた。裁判所は、心理的な欠陥も瑕疵に該当するとした上で、瑕疵担保責任は当事者の衡平を図ることが制度趣旨であるとし、心理的瑕疵は「単に買主において同事由の存する不動産への居住を好まないだけでは足らず、それが通常一般人において、買主の立場に置かれた場合、上記事由があれば、住み心地の良さを欠き、居住の用に適さないと感じることに合理性があると判断される程度に至ったものであることを必要とすると解すべきである」とした。本件では、残虐性も大きく、また、周辺住民の記憶に残っている等の具体的な事情との関係で、本件土地には、「住み心地が良くなく、居住の用に適さないと感じることに合理性があると認められる程度の、嫌悪すべき心理的欠陥がなお存在する」とした。

「売買契約当事者の合意」ということに着目するのであれば、居住用の売買においては、通常一般人が住み心地の良さを欠き、居住の用に適さないと感じるような心理的な事情が存在しない品質・性能を有することが合意されていると考えられる。

---

9) 判時1971号130頁

自殺については、（ⅹ）東京地裁平成25年7月3日判決[10]は収益物件たる一棟のマンション売買における1室での半年前の自殺について瑕疵であるとしたほか、次の（ⅺ）東京地裁平成25年3月29日判決は、1年8カ月前の自殺を瑕疵とした。

（ⅺ）東京地裁平成25年3月29日判決[11]

　売買の目的物である約1,800㎡の土地上に置かれた自動車内で2年前に売主の夫が練炭自殺をしていたことにつき、瑕疵であるとされた。裁判所は、「本件特約条項において『目的物上（解体済建物含む）での過去の嫌悪すべき事件・事故（殺人事件、自殺、変死等）が発覚した場合』には買主は契約を解除することができることが明記されており、買主である原告がこのような事件・事故の存在を契約解除事由とするほどに嫌悪する瑕疵であることが定められていることに照らせば、本件自殺の事実は本件土地の瑕疵であると認めることができる」と判断した。

　本件では、売主と買主とが、明確に、解体された建物内でのものも含み、殺人事件、自殺、変死等が存在しないという品質・性能を有するという合意を行っていた。実務としては参考になる事案であるといえる。

（ⅻ）東京地裁平成25年8月21日判決[12]

　売買の対象である土地と道路を隔てた向かい側にあるビル内に存在する事務所（暴力団関係者によって使用されている）につき、瑕疵ではないとされた。裁判所は、「本件事務所の存在により、具体的に近隣住民の生活の平穏が害されるような事態が発生していたわけでもないから、本件土地上に建物を建築して利用することが困難な状況にあるとは認められない」ので、「本件土地が、一般の宅地が通常有する品質や性能を欠いているということはできない」とした。さらに、「また、本件全証拠によっても、本件契約の当事者間において、本件土地が備えるべき品質として、その近隣に暴力団に関係のある団体の事務所が一切存在しないことが特に合意されていたことを認めるに足りない」と判断した。

10）　判時2213号59頁
11）　判例秘書L06830291
12）　判例秘書L06830648

通常の店舗・事務所であっても暴力団関係者が出入りすることはあるので、土地や建物の売買において、「その近隣に暴力団関係者が出入りする事務所・店舗が一切存在しないこと」が契約の趣旨から合意されているとまではいえないであろう。他方で、例えば、売買の対象となっている区分所有建物の「隣室に暴力団組事務所が存在しないこと」は、契約の趣旨からは合意されていると解すべきであり（すなわち、特段の合意をしない限り、心理的瑕疵に該当する）、境界線をどこに引くかが実務上の問題となる。

(xiii) 福岡高裁平成23年3月8日判決[13]

売買契約の対象であるマンションの居室が前入居者によって相当長期間にわたり性風俗特殊営業に使用されていたことは瑕疵に当たると判断された。裁判所は、「本件居室が前入居者によって相当長期間にわたり性風俗特殊営業に使用されていたことは、本件居室を買った者がこれを使用することにより通常人として耐え難い程度の心理的負担を負うというべき事情に当たる（現に、一審原告の妻はこの事実を知ったことから心因反応となり、長期間にわたり心療内科の治療を受けたほか、一審原告及びその妻はいまだに本件居室が穢れているとの感覚を抱いている）。そして、住居としてマンションの一室を購入する一般人のうちには、このような物件を好んで購入しようとはしない者が少なからず存在するものと考えられるから（現に、一審原告が事実を知っていたら本件居室を購入しなかったものと考えられる）、本件居室が前入居者によって相当長期間にわたり性風俗特殊営業に使用されていたことは、そのような事実がない場合に比して本件居室の売買代金を下落させる（財産的価値を減少させる）事情というべきである（現に、管理組合も上記訴訟において同旨の主張をしていたものである）」として、瑕疵であるとした。

売主と買主との間で、「性風俗特殊営業に使用されたものでないこと」という明示的な合意を行わなくても、居住用の建物の売買契約の趣旨に照らせば、「性風俗特殊営業に使用されたものでないこと」を性質、性能として予定していると解することは妥当である。

---

13) 判時2126号70頁

④その他

(xiv) 最高裁平成25年3月22日判決[14]

　土地区画整理事業の施行区域内の土地の売買につき、売買後に土地区画整理組合から賦課金を課された場合において、賦課金を課される可能性が存在していただけでは、瑕疵に該当しないとされた。裁判所は、「土地区画整理法の規定によれば、土地区画整理組合が施行する土地区画整理事業の施行地区内の土地について所有権を取得した者は、全てその組合の組合員とされるところ（同法25条1項）、土地区画整理組合は、その事業に要する経費に充てるため、組合員に賦課金を課することができるとされているのであって（同法40条1項）、上記土地の売買においては、買主が売買後に土地区画整理組合から賦課金を課される一般的・抽象的可能性は、常に存在しているものである。したがって、本件各売買の当時、被上告人らが賦課金を課される可能性が存在していたことをもって、本件各土地が本件各売買において予定されていた品質・性能を欠いていたということはできず、本件各土地に民法570条にいう瑕疵があるということはできない」とした。

　瑕疵については、契約締結当時の取引観念を斟酌して契約当事者間で合意された品質・性能を備えているか否かで判断するものである。土地区画整理事業の施行区域内の土地は、常に賦課金を課される可能性があるものである。したがって、当事者間で特に「賦課金が課せられない土地であること」を合意していないのであれば、賦課金が課せられる可能性がある土地を売買契約の目的として引き渡しても合意された品質・性能を欠くことにはならない。実務上参考になる判断である。

（3）まとめに代えて

　2020年4月1日から施行される改正民法では、現民法の「瑕疵」に該当する文言は、「引き渡された目的物が種類、品質又は数量に関して契約の内容に適合しないもの」（改正民法562条1項）という表現に改正される。改正の議論における法務省作成の資料では、「瑕疵の存否は、契約の内容（取引

14）　判時2184号33頁

通念も含まれる）を踏まえて目的物が有するべき性質を画定した上で、引き渡された目的物が当該あるべき性質に適合しているか否かについて客観的・規範的判断をして決することになると考えられる」（部会資料75A10頁）としている。最高裁平成22年6月判決も同様であるとの評価を行って改正案が提案されている経緯を踏まえれば、民法改正後も、「契約の内容に適合するか否か」についての判断は、具体的な契約との関係で「通常有すべき品質・性能」を備えているか否かを判断するという枠組みには変更がないものと考えられる。

3　仲介業者の説明義務

(1) 責任追及の根拠

①注意義務の根拠

　瑕疵担保責任は、売主と買主との間で利害を調整する制度であり、その両者で解決を図る。しかし、売買契約の成立に宅地建物取引業者が仲介業者として関与している場合には、当該宅地建物取引業者が損害賠償請求等の対象となることがある。

　買主と仲介業者との間に媒介契約が存在する場合には、買主は仲介業者に対して媒介契約に基づく債務不履行責任を追及することができる。この場合、媒介契約は媒介業務に係る準委任契約であり、仲介業者は善管注意義務を負う（民法644条）ので、仲介業者と媒介契約を締結した買主は、仲介業者に媒介契約上の注意義務違反としての説明義務・調査義務違反があったとして損害賠償を請求する。

　他方、買主と仲介業者との間に媒介契約が存在しない場合（売主と媒介契約を締結した元付業者である場合等）には、買主は仲介業者に対し、不法行為責任を追及することができる。この点は、最高裁昭和36年5月26日判決（判時261号21頁）が、「不動産仲介業者は、直接の委託関係はなくても、これら業者の介入に信頼して取引をなすに至った第三者一般に対しても、信義誠実を旨とし、権利者の真偽につき格別に注意する等の業務上の一般的注意義務がある」としている。買主は、媒介契約を締結していない仲介業

者に対して、注意義務違反としての説明義務・注意義務違反があったとして損害賠償を請求する。

②注意義務の程度

媒介契約上の注意義務違反であれ、不法行為としての注意義務違反であれ、実務上重要になるのは、どのような調査・説明がなされない場合に注意義務違反となるか、ということである。この点については、宅地建物取引業法35条の重要事項説明の対象となっている事項は、宅地建物取引業者がその職責において調査して説明しなければならない事項であるので、民事上の責任としても積極的な調査・説明義務が認められる。他方で、宅地建物取引業法35条には列挙されていない事項ではあるが、契約締結にあたって重要な事項として説明しなければならない事項（宅地建物取引業法35条以外の宅地建物取引業法47条1号に該当する事項）については、仲介業者が特別な調査まで行う必要はないものの、通常の業務上の調査によって認識した事実については、民事上も説明義務があるとされる傾向にある。この点につき、例えば、千葉地裁松戸支部平成6年8月25日判決（判時1543号149頁）は「不動産仲介業者の注意義務については、その業務の性質に照らし、取引当事者の同一性や代理権の有無、目的物の権利関係、殊に法律上の規制や制限の有無等の調査については高度の注意義務を要求されるが、目的物件の物的状況に隠れた瑕疵があるか否かの調査についてまでは、高度の注意義務を負うものではない」とする。

物理的瑕疵の問題や、心理的瑕疵の問題については、仲介業者としては、通常の業務としての実査や売主へのヒアリング等の調査で認識した事実について買主に説明することが必要であるといえる。

(2) 具体例の検討

物理的瑕疵

（xv）東京地裁平成18年1月20日判決[15]

---

15) 判時1957号67頁

（ⅰ）の事案において、建築後約21年が経過した建物の土台が白ありにより浸食され建物の構造耐力上危険性を有していたものであることを認識していなかった仲介業者について、不法行為責任、債務不履行責任はないと判断された。裁判所は、仲介業者が建物内に立ち入ったのはフロア等が張り替えられた後であることや白あり被害について特別の知識があるとは認められないこと等を根拠に、仲介業者は「本件売買契約締結当時に本件欠陥を認識し、又は過失により認識していなかったとは認められない」と判断した。

　裁判所は、仲介業者が白あり業者のような専門的な調査を行わなかったことは注意義務違反としていない。もちろん、個別具体的な事情如何によっては、白あり調査が必要となる場合や調査すべきことを買主に助言するべきであると解される場合もあると考えられるが、実務上は参考になる事案である。

　（xvi）大阪地裁平成20年5月20日判決[16]

　居住目的による土地・建物の売買契約において、売主側の仲介業者は、建物の物理的瑕疵によって居住目的が実現できない可能性を示唆する情報を認識している場合には、買主に対しその旨を告知すべき注意義務があるとされた。裁判所は、買主が本件建物に居住する目的であったとした上で、「その前提として、本件建物が居住に適した性状、機能を備えているか否かを判断する必要がある」とし、仲介業者の代表者も、買主の「上記目的を認識していたのであるから、本件建物の物理的瑕疵によってその目的が実現できない可能性を示唆する情報を認識している場合には、原告（買主）に対し、積極的にその旨を告知すべき業務上の一般的注意義務を負う（なお、そのような認識に欠ける場合には、宅地建物取引業者が建物の物理的瑕疵の存否を調査する専門家ではない以上、そうした点について調査義務まで負うわけではない）」とした。本件では、仲介業者が白ありらしき虫の死骸を発見していたことや、腐食や雨漏りの箇所を複数認識していたので、「これらを説明して、さらなる調査を尽くすよう促す業務上の一般的注意義務を

16）判タ1291号279頁

負っていたというべきであるが、実際には、そのような注意義務を尽くさなかった」として仲介業者の損害賠償責任を認めた。

　仲介業者には、物理的瑕疵の存否を調査する義務まではないとしても、通常の業務の中で認識した事実については説明すべき義務があると判断されたものであり、妥当な判断である。

　このほか、(xvii) 東京地裁平成28年3月11日判決[17]は、マンションの売買を媒介した売主側の仲介業者について、仲介業者が認識していなかった電話線アウトレットの断線については調査義務違反ないとし、他方、漏水があって応急措置しかしていないことを認識していた仲介業者が「補修済み」と説明したことについては説明義務違反がある判断した。裁判所は、「宅地建物取引業者は、高度の専門的知識や鑑定能力を有するものとは限らないことからすると、売買契約締結当時、その目的物に瑕疵が存在することを疑わせるような特段の事情がない限りは、瑕疵の存否について積極的に調査するまでの義務はないと解するべきである」としつつ、瑕疵が存在することを疑わせるような特段の事情を認識していた漏水については、仲介業者はさらなる調査・説明が必要であるとの判断を行った。

　(xviii) 松山地裁平成25年11月7日判決[18]

　土地の売買契約を媒介した買主側の仲介業者が20年以上前に当該土地上の建物内で自殺があったことを売買契約締結後代金決済前に知ったのに買主に知らせなかったことは説明義務違反に該当するとした。裁判所は、「本件土地上で過去に自殺があったとの事実は、本件売買契約を締結するか否かの判断に重要な影響を及ぼす事実であるとともに、締結してしまった売買契約につき、その効力を解除等によって争うか否かの判断に重要な影響を及ぼす事実でもあるといえる。したがって、宅地建物取引業者として本件売買を仲介した被告としては、本件売買契約締結後であっても、このような重要な事実を認識するに至った以上、代金決済や引渡手続が完了してしまう前に、これを売買当事者である原告X1に説明すべき義務があったといえる（宅地建物取引業法47条1項1号ニ）」として、説明を行わなかっ

---

17)　判例秘書L07130827
18)　判時2236号105頁

1-7　近時の裁判例に学ぶ瑕疵担保責任と仲介業者の説明義務

た仲介業者に対して不法行為責任による損害賠償責任を認めた。

　本件事案で仲介業者は、事案が古いものであることや、既に建物が取り壊されているので、契約締結の意思に影響を及ぼさないという反論を試みている。しかし、裁判所は、自殺があったことは、マイホームを建築して家族の永続的な生活の場にしようとする買主にとっては、「建物が取り壊され、所有者が変遷していることを考慮しても、なお、本件土地を買い受けるか否かの判断に重要な影響を及ぼす事柄であるといえる」との判断を示した。「いわゆる事故物件の場合、無関係な当事者が一度所有すればもう説明する必要はない」といった「都市伝説」がささやかれることがある中で、具体的な事情との関係で説明義務の有無が判断されることを示した判決であり、実務上参考となる。

　(xix) 東京地裁平成26年4月28日判決[19]
　(xii)の事案において、道路を隔てた向かい側のビル内の事務所が暴力団関係者によって使用されている事務所であることを認識せずに、土地の売買を媒介した仲介業者につき、調査義務違反、説明義務違反はないと判断された。裁判所は、仲介業者が当該事務所についての説明義務を負うのは、「本件ビルに暴力団と関連する団体の事務所が存在すると認識していた場合であり、同事実について調査をすべき事情が存在する場合に一定の調査義務を負うものと解される。施設の外観から嫌忌施設であることが容易に把握できる場合を除き、宅地建物取引業者が自ら売買対象物件の周辺における嫌忌施設の存在を調査すべき一般的な義務があるとは解されない」とした。その上で、暴力団関係団体の事務所であることを認識していなかった仲介業者には調査説明義務違反は存在しないとした。

　宅地建物取引業者が周辺嫌忌施設調査の専門家ではないことからすれば、妥当な判断であろう。

(3) まとめに代えて

　実務上しばしば問題になる物理的瑕疵との関係では、仲介業者は、通常

---

19) 判例秘書L06930345

の調査（実査や売主からのヒアリング）を行い、その調査で判明した事実を買主に説明すれば、仲介業者としての民事上の調査・説明義務は尽くしたことになる。もっとも、仲介業者が認識している事実を説明しなければ説明義務違反が問われるということは、仲介業者としては、買主に対して「判明している事実はすべて説明している」ということを理解してもらうことが重要であるということでもある。平成30年4月1日から施行されている宅地建物取引業法上の建物状況調査は、その説明を仲介業者が行うことで、「判明している事実はすべて説明している」ということを買主に理解してもらう有効な方法であるといえる。仲介業者のリスク管理という観点からも、建物状況調査が積極的に活用されることが望まれる。

第 2 部

学際的・分野横断的な
不動産政策研究の展望と課題

2-8

不動産学におけるこれまでの取組みと不動産政策研究への期待

明海大学不動産学部教授
中城 康彦

1 はじめに

　日本不動産学会は地価騰貴が顕著になった1984（昭和59）年に設立された（図表1）。地価騰貴が社会経済の安定や国民生活の安寧の妨げとなることに対応することが期待され、土地・住宅政策全般を議論するとともに、不動産学の確立と人材育成を念頭に活動を開始した[1]。その後、"地価バブル"崩壊を受けて機能不全に陥った土地抵当融資に代表される、社会経済システムの転換への対応が課題となり、やがて、少子高齢化に象徴される成熟社会のストック活用や老朽化、空き地・空き家問題への対応が課題となる中で活動してきた。

　明海大学不動産学部は、不動産に係る高度職業人の育成を目的として設立された。設立された1992年は"地価バブル"が崩壊した1991（平成3）年の翌年にあたる（図表1）が、地価下落とはいえ引き続き課題を抱える都市環境、不動産市場や不動産流動化等の課題に取り組んだ[2]。その後、大震災、マンション管理や不動産専門職業家などの課題と向き合ってきた。

---

1) 日本不動産学会誌Vol.1 No.2 座談会「住宅宅地審議会答申」（1985年Autumn）、Vol.2 No.2 国際シンポジウム「不動産開発の国際比較」（1986年Autumn）、Vol.3 No.1 研究報告「各国の不動産教育について」（1987年Summer）など。

図表1 日本不動産学会および明海大学不動産学部の設立時期と地価変動[2]

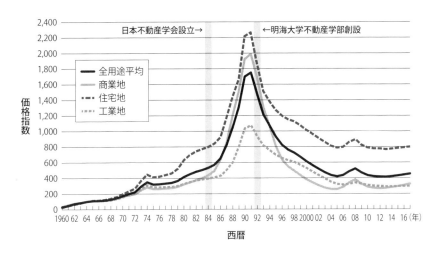

2　日本不動産学会の設立と活動

（1）日本不動産学会の設立

　日本不動産学会の設立の端緒は、1983（昭和58）年の不動産関係教育問題検討委員会の報告書「不動産に関する教育・研究体制の整備を目指して」にさかのぼる。報告書は、「土地、住宅、ビルディング等の不動産は、都市環境や社会環境を構成するきわめて重要な要素であり、人々の諸活動の場としても資産としてもきわめて重要なものであるが、不動産に関連する学問の領域を見ると、法学、経済学、経営学、商学、建築工学、土木工学等既存の学問分野はきわめて多岐にわたっており、単独の学問分野では、住宅問題、都市問題等の不動産をめぐる諸問題を十分に理解することは困難である。しかし、現在、我が国では、不動産に関する総合的な教育研究は皆無に等しく、そのため、人材の確保や諸問題の総合的な解明が阻害されている。したがって、総合的かつ体系的な教育研究体制を早急に確立する

---

2) 一般財団法人日本不動産研究所　市街地価格指数（六大都市）より作成。

ため、大学教育等を中心とする不動産に関する高等教育体制の整備、不動産に関する諸問題の総合的解明を行うための研究体制の整備、不動産に関する研究者の総合交流を促進するための学会の創設を提唱」した[3]。

これを受けて設立された日本不動産学会の設立趣旨の骨子は以下の3点である[4]。

ⅰ．不動産の利用や配置をめぐる諸現象を解明する学際的な研究及び教育の促進

ⅱ．不動産に関する研究が総合的な視野に立って体系的に固有の学問として確立することが重要

ⅲ．不動産を対象とする学問は、人文、科学、社会科学、自然科学の広範な領域に及ぶことから、その研究は理論・実務の両面から総合的に研究する

(2) 日本不動産学会誌の不動産政策特集

1984（昭和59）年に設立された日本不動産学会では学会誌の「日本不動産学会誌」を1985年のVol.1 創刊号から2017（平成29）年のVol.31 No.3まで122号発刊している[5]。編集方針の見直し等により多少の変遷はあるものの、毎号、学会が開催したシンポジウムの要約か、もしくはそれとともに特集を収録するほか、学術大会で特別講演や基調講演を行う場合はその要約を収録している（以下、「特集等」という）。いずれもその時点で学会が重要と考える課題を取り上げたものである。

これまでの122号のうち、明示的に「不動産政策」を取り上げたものを示すと図表2のとおりである。23回の特集等があり、全号の19％にあたる。おおよそ1/5について不動産政策を直接の対象として取り上げてきており、不動産学の中で不動産政策にかかる研究を重視し、成果をあげてきたといえる。

---

[3] 斎藤衛「不動産流通市場の現状と展望」不動産研究のしおり 第68号　財団法人日本不動産研究所（1983.11）pp7．
[4] 日本不動産学会のホームページ（http://www.jares.or.jp/general/association.html）による。
[5] 2017年12月現在の発行数。

図表2 日本不動産学会誌で取り上げた不動産政策に関連する特集等

番号	通巻	年	時期	種別	タイトル
1	No.2	1985年	秋	座談会	住宅宅地審議会答申「新しい住宅事情に対応する住宅・宅地政策の基本的体系についての答申」について
2	No.6	1986年	秋	シンポジウム	不動産開発の国際比較
3	No.8	1987年	夏	特集	土地税制
4	No.10	1987年	秋	シンポジウム	21世紀の国土利用と民間エネルギーの活用
5	No.11	1987年	冬	特集	土地対策の緊急課題
6	No.12	1988年	春	シンポジウム	大都市の土地利用と税制
7	No.15	1989年	冬	特集	大都市圏の住宅政策
8	No.22	1990年	秋	シンポジウム	大都市圏における土地・住宅供給政策の課題と展望
9	No.22	1990年	秋	特集	大都市圏の住宅政策宅地供給問題と政策展望
10	No.23	1991年	冬	特集	諸外国における土地税制
11	No.27	1991年	冬	シンポジウム	土地政策と地方公共団体
12	No.34	1994年	No.2	特集	土地関連の規制緩和をめぐって
13	No.37	1995年	No1・No2	シンポジウム	土地・住宅政策の10年〜土地基本法から規制緩和まで〜
14	No.44	1997年	No.1	シンポジウム	都市居住と不動産税制
15	No.46	1998年	No.2	シンポジウム	規制緩和とまちづくり
16	No.48	1998年	No.1	特別講演	不動産市場の現状と政策課題
17	No.49	1999年	No.2	基調講演	土地・債権流動化と今後の住宅政策
18	No.51	1999年	No.4	基調講演	最近の土地政策について
19	No.55	2001年	No.4	特集	成熟社会における住宅宅地政策の方向と課題
20	No.56	2001年	No.1	シンポジウム	日本の土地制度の歴史と土地基本法
21	No.68	2004年	No.1	特集	生活者から見た住宅市場と住宅政策
22	No.89	2009年	No.2	シンポジウム	日本の不動産をめぐる政策を考える 景気後退期における不動産市場の活性化
23	No.93	2010年	No.2	シンポジウム	日本の不動産をめぐる政策を考える 景気回復のための住宅・不動産政策

時系列でみると通巻56号（2001（平成13）年発行）までに20回の特集等が組まれている。これは不動産政策にかかる23回の特集の87％にあたり、この間は36％の割合、つまり3回に1回以上の頻度で不動産政策等の特集等がある。その後通巻122号（2017（平成29）年発行）までは不動産政策の特集等の掲載率は5％である。学会設立より15年を過ぎた2000年あたりから、不動産政策を直接的な議論の対象とする傾向は大きく低下したといえる。

　もとより、2000（平成12）年以降の学会誌においても不動産政策を論じた論説等が掲載されないことは皆無といえ、不動産政策が日本不動産学会における不動産学研究でなくなったわけではない。不動産政策が総論的な研究対象として取り上げられる段階から、各論的な研究対象になったといえる。例えば空き家問題や所有者不明土地問題に対処するためには、具体的、かつ網羅的な不動産政策が求められ、そのための不動産政策研究が求められている。

3　明海大学不動産学部における不動産高等教育の実践

（1）明海大学不動産学部の創設

　前掲「不動産に関する教育・研究体制の整備を目指して」では、不動産学の研究にかかる学会の設立と併せて、大学教育等を中心とする不動産に関する高等教育体制の整備が必要とした。これを受けて大学に不動産学部を開設する動きが高まり、1992（平成4）年4月千葉県浦安市に明海大学不動産学部が創設され、教育が開始された。

　学部設立にかかわった宮田侑前理事長は、不動産学部の20年を振り返り、①当時は、地価がバブルの崩壊とともに下落に転じた時期であった。「土地基本法」が制定されたばかりで、政策の基幹をなす「土地政策問題」等に取り組む人材が求められていた。②明海大学不動産学部は、環境問題、資源問題、都市社会問題、国民生活問題などの諸問題の解決に当たる人材育成という社会的要請に応え、「建学の精神」である「社会性・創造

図表3 カリキュラムの見直しと特徴

西暦	背景	特徴	内容
1992	・日本初の不動産学部のコースとカリキュラム ・各国の学部を参考に日本の不動産問題に対処	・地価急騰を経験し土地住宅問題を解決する人材に社会的ニーズが高まっていた	・行政で働く人材育成のため行政政策コースを設定 ・カリキュラムを構成する授業科目は多彩な分野で成立 ・定員を文系学部の5割増しとされた。教育内容の幅広さが考慮されたものと思われる
1996	・1992年版カリキュラムは何が基礎か不明確	・履修体系の整備とコースの拡張	・カリキュラムの基本認識をより明確にし、法学、経済学、工学を学ぶための基礎学修を設定した ・各分野の基礎科目を不動産学教育の基礎と位置付けた
2000	・公務員を目指す学生は少ない	・行政政策コースの廃止 ・環境デザインコースの新設	・バブル経済崩壊後の不景気の中で資格取得を希望する学生が増加 ・1級および2級建築士の受験資格が与えられる環境デザインコースの設置
2004	・18歳人口の減少により受験生の減少が顕著 ・学力低下が深刻になった	・履修の厳格化	・学部が用意するプログラムに沿うよりは、個人的都合を優先させて受講科目を選択 ・履修すべき基礎科目は必修科目とし、履修を徹底 ・何を基礎科目とするか再検討し、科目数を削減
2009	・教員定員が文系学部と同じに変更され、徐々に専任教員数が減少 ・教員資源投入の重点化を図る必要	・学力低下への対応はさらに強化しなければならない状況にあった	①授業科目の効果的効率的配置、②学力・学修モラル低下への対応強化、③キャリア教育・資格支援教育の継続、④簡素で分かりやすいカリキュラム ・測量士補の認定コースを廃止して3コース制に
2014	・学修意欲、学修方法が身についていない学生の増加 ・学修意欲の高い学生の資質を伸ばす必要	・1年から2年への進級制限の新設 ・2年から3年への進級制限の厳格化	・1年・2年で宅地建物取引士を取得し、3年・4年で不動産学を深く学修する ・宅地建物取引士資格試験は全員受験する ・資格取得のための授業と不動産学の授業区分を明確化

性・合理性を身につけ、広く国際未来社会で活躍し得る有為な人材の育成」を究極の目的として、日本で唯一の「不動産学部」を設立した。③不動産学の研究対象は、法律、政治、行政、経済、社会、建築、都市計画、農業、財政等あらゆる分野にわたり、また総合的視点が不可欠な「学際的な分野」であった。④このような観点から、法学・経済学・工学の3分野を主要な隣接分野とし、「不動産」にかかわる総合的、かつ体系的な教育課程を組み立て、その分野で活躍する優れた教授陣を迎えた[6]、と述べている。

不動産学部のカリキュラムは、1992年に学部が創設されて以来、およそ4年ごとに改定されてきた。小さな変更を無視すれば、1992年版、1996年版、2000年版、2004年版、2009年版、2014年版の6種類をこれまでに提供している。それぞれの見直しの背景と特徴をまとめると図表3のとおりである。

(2) 学際的学修カリキュラムのねらい

不動産賃貸事業スキーム（図表4）を例にカリキュラムの射程を見ると以下のとおりである。事業主は、①宅地建物取引業者に媒介を依頼して、②土地を購入し、③建築設計を依頼し、完成した図面にもとづいて、④建築施工業者に工事を依頼する。この間、土地購入や建築費の支払いのために、⑤必要資金を金融機関から借り入れる。完成した建物について、⑥宅地建物取引業者に依頼して、⑦建物を賃貸するとともに、⑧不動産管理会社に管理委託する。これら各段の行為において法学、経済学、工学、経営学の知見が必要であり、不動産学部ではこれらを個別、かつ、包括的に教授する[7]（図表5）。

図表4は事業主からみれば一連で一体の行為であるが、不動産業においては、流通業、金融業、開発業、金融業、管理業、賃貸業等に区分される（図表6）。不動産学部ではビジネスコース、ファイナンスコース、デザインコースの3コースを設け、これらをカバーする。また、関係する専門職業

---

6) 宮田侑「祝辞」明海フロンティアNo.11　明海大学不動産学部（2012.3）pp4
7) ここでは不動産賃貸事業を例示したがその他の業態についても同様である。

図表4 建物賃貸事業スキーム

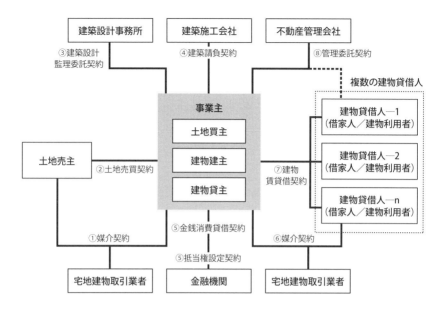

図表5 不動産学の射程

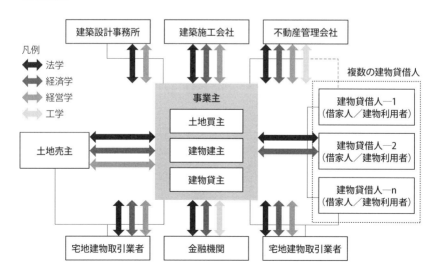

図表6　不動産業の業態

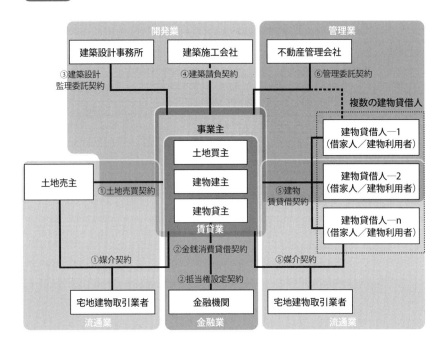

家を目指す学生の指導をする（図表7）。

（3）現行カリキュラムの編成

　2014年入学生から適用する現行カリキュラムは、それまでの成果を踏まえつつ、具体的スキルの証明としての資格取得が重視されてきた、資格取得を目指す学生は不動産学への取り組みも熱心である、就職が有利なことより、1年、おそくとも2年までに宅地建物取引士に合格し、3年、4年でそれを発展させて不動産学を修得する方針とした。すなわち、1年、2年で、法学・経済学・工学・経営学の4つの学問の考え方を学ぶとともに、宅地建物取引士資格試験をクリアーし、3年、4年では、土地・建物・地域・環境といった不動産の構成要素を題材として、4つの学問を深化・統合させて不動産学を学修する。

　学際的な知見を有していることを背景として、土地や建物、地域や都市、

図表7 不動産学部の3コース

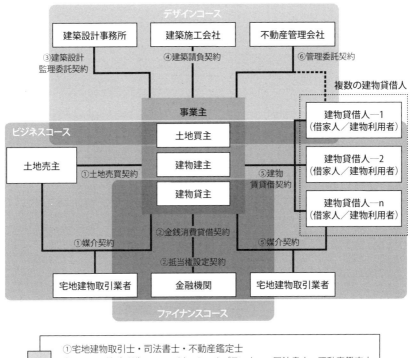

個人や企業など、身の回りの事象をいろいろな切り口で切り取って、理解し、分析し、提案し、実行する、高度で、かつ、広範な専門知識を持つ"T型人間"を育成する。活動分野は、不動産業にとどまらず、土地や建物と関係するおよそすべての企業で活動が期待され、専門職業家の門戸も広い。また、市井の生活者として個人の生活設計、地域活動、マンション管理などで期待される人材となることも強みである（図表8）。

2014年カリキュラムのファイナンスコースの提供科目は図表9のとおり

図表8 不動産学部の人材育成

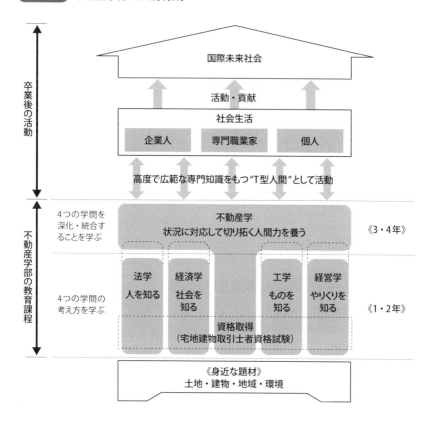

である。

4 大学院の研究内容

　1992年4月の不動産学部創設から6年後の1998年4月に大学院不動産学研究科修士課程を、さらに2年後の2000年4月には博士後期課程を創るとともに、修士課程を博士前期課程と改称した。大学院創設から2017年度末までの間に、修士（不動産学）号を177名に、博士（不動産学）号を21名に授与している。いずれの学位も明海大学のみが授与できる学位である。

図表9　学際的・分野横断的な科目配当（ファイナンスコース）

人材育成のイメージ

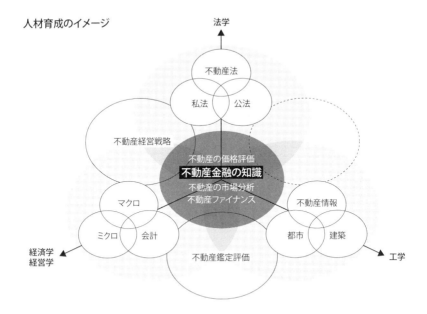

配当する科目の構成

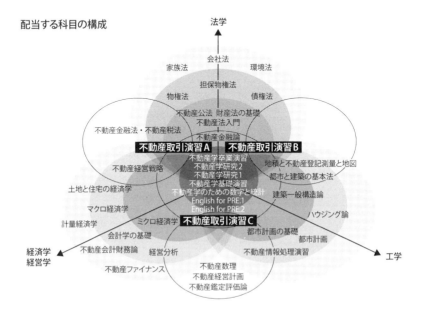

2-8　不動産学におけるこれまでの取組みと不動産政策研究への期待

(1) 修士（不動産学）の研究実績

修士論文の分野を10に区分し、4年ごとに集計した図表10をみると、不動産学研究科の研究領域が多岐にわたっていることがわかる。同じ分野に分類されていても研究方法（専門分野）が異なり、分析方法まで細分化するとさらに多様で、不動産学研究が学際的な領域として進展しつつあることを示している。

もっとも多い分野は都市・建築で、時代によらず一定数の大学院生が取り組んでいる。ついで多いものは不動産評価であるが、初期の頃多く取り組まれ、近年では取り組み数が少ない。分析手法としては金融工学的な手法を使ったもの、ヘドニック分析など計量分析によるも、不動産鑑定評価の手法を用いるものがある。不動産市場、不動産金融・不動産投資、不動産管理分野の論文も多い。

(2) 博士（不動産学）の研究実績

博士論文（不動産学）の題目は図表11のとおりである。日本で不動産学

図表10　修士論文の分野

	1999年～2002年	2003年～2006年	2007年～2010年	2011年～2014年	2015年～2017年	計
不動産法関連	6	2	1	1	1	11
不動産市場	3	4	4	7	3	21
不動産金融・投資	4	6	7	1	0	18
不動産評価	10	6	6	1	1	24
需要分析	4	3	3	2	0	12
立地・開発・事業	8	7	2	5	0	22
不動産管理	4	2	5	6	1	18
不動産経営・会計	2	1	1	1	0	5
不動産税制	3	1	2	3	0	9
都市計画・建築	3	9	7	9	2	30
計	47	41	38	36	8	170

図表11 博士論文（不動産学）の題目

	題目	博士取得年
1	市街地再開発事業の開発構造特性の変化とその要因分析	2003年9月
2	持続可能な環境型社会の構築における環境規制・戦略的環境アセスメントの役割にかかる研究―イギリス環境法制度からの示唆を中心として―	2004年3月
3	土壌汚染に起因する不動産市場および都市環境への影響評価と法制策	2004年3月
4	中国大都市における土地利用の計画とコントロールに関する研究	2004年9月
5	Real Option Modelによる不動産保有課税の効果に関する研究	2005年9月
6	オフィス市場における需要構造の特性分析	2006年3月
7	競争と不確実性の下での投資戦略	2007年9月
8	森林環境政策の新たな展開とその展望―森林環境税と森林認証―	2008年3月
9	グリーンベルト保存の社会的費用分析―ソウル都市圏の新都市建設とグリーンベルト保全に着目して―	2008年3月
10	住宅流通市場のシステムに関する研究	2009年9月
11	J-REITにおけるエージェンシー問題に関する研究	2011年3月
12	相続税・贈与税のあり方に関する研究	2013年3月
13	社会基盤としての下水道処理施設の技術効率の測定と処理方式変更の影響評価に関する研究―関東4自治体の地域の事例分析を通じて―	2013年3月
14	東京の駅前商業地における商業活動の変化とその要因に関する研究	2014年3月
15	商業地景観における調和概念に関する研究	2014年3月
16	浦安市における東日本大震災時の自治会活動と担い手に関する研究	2015年3月
17	中古住宅取引における情報と専門家の役割に関する研究	2016年3月
18	土地開発に伴う開発利益還元政策―社会的最適開発への誘導策を含めて―	2016年3月
19	PFI事業の活性化に関する研究―官民の最適なリスク分担を中心に―	2016年3月
20	区分所有法改正と円滑化法整備後のマンション建替えの実態と課題	2017年3月
21	不動産の属性に対する価格と賃料の弾力性等の違いに関する研究	2017年3月

の教育を行う大学は明海大学のみであるが、学位取得者のうち1名は明海大学の教員となっている。海外の大学で働くものや、日本のシンクタンクで働くものもいる。不動産関連の仕事に従事した経験をもとに、定年退職後に学位を取得するケースもある。

博士論文の内容は、環境法または政策、都市計画、都市計画の計量的な評価、不動産開発、金融工学的な手法を使った不動産税制の評価または不動産開発時期、オフィス市場の分析、流通市場の分析など多岐である。

5 これからの人材育成

不動産学研究科（大学院）は不動産学部からの進学生のほか、経験や問題意識を持った社会人学生も少なくない。社会人大学院生は実務経験を踏まえた実証的研究や、多様化し高度化する実務への対応力を高めるための学び直しの側面が強い。不動産流通において建築士によるインスペクションの導入、不動産流通の相対的地盤沈下と不動産コンサルティング需要の高まりなど、異なる知識や方法論を理解し、さらには高い次元で統括する"T型人材"に脱皮しようとする姿勢で共通する。

このような需要に対応するため、2018年度から大学院のカリキュラムの見直しを行う（図表12）。新築（フロー）供給から既存（ストック）活用・再生・建替えへと社会経済の規範が変化している。後者は前者と比較して求められる知見や方法論が広く、深い。更地に新築することと既存建築物を再生するのでは必要な知見がまるで異なる。不動産流通でも同様である。

大学院ではストック活用を念頭に、新"T型人材"を目指す。その成果を踏まえ、学部カリキュラムの見直しをする可能性が高い。現在でも宅地建物取引士のほか、FP、管理業務主任者、賃貸不動産経営管理士など資格取得を支援しているところであるが、将来的には、理論面で優れる不動産鑑定士、実務面で優れる不動産コンサルティング技能士など、"T型人材"の育成を維持しつつ、そのレベルアップを目指すことを念頭においている。

図表12 大学院における人材育成の重点領域

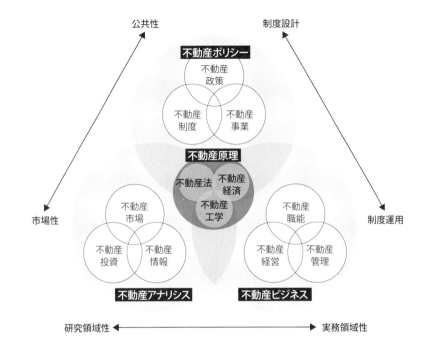

6 まとめ

　明海大学不動産学部は1992年に創設されて26年目を終えようとしている。その間、一貫して日本唯一の不動産学部として孤高を保ち、不動産学研究および教育の成果を積み重ねてきた。経済成長と地価高騰を背景として構想された学部であったが、開設とともにそれらが反転した。揺籃期の学部運営は、本邦初の不動産学の展開に加えて、未曾有の景気後退、さらには、急激な18歳人口の減少という3つの未経験が重なる中で続けられた。四半世紀の手探りの道程は決して成功と栄光に包まれているとはいえない半面、社会と時代の背景を踏まえ、不動産学のリアリズムを示してきた点に歴史的な意味がある。

未来に目を向けると、超高齢社会の到来、国際化の進展、ITCの成熟等、不動産について物の側面から資産としての側面が強くなるなど、不動産学の学際性に変化が見込まれる。次の四半世紀を発展期と設定し、クリアーすべき資格を不動産鑑定士に高め、社会的要請が高まる不動産戦略やアセットマネジメントで活躍する人材を輩出して不動産学部の社会貢献を拡大していきたい。そのことが不動産学研究、教育の社会的評価を高めることでもあると確信している。

　不動産政策との関係では、学部の科目としては「不動産政策史」が唯一不動産政策を冠した科目である。背景として、学部創設時には「行政政策」コースがあったものの行政職に就職する学生が多くないために廃止となったこと、多すぎる科目数を集約する方向で見直しが続いていることがある。もとより、ほとんどの科目がなんらかの形で不動産政策と関係していることより、不動産政策は不動産学研究及び教育の基盤となっている。不動産学会誌の特集等が示すとおり、総論的な研究対象から各論的な研究対象へと変容していることもあり、不動産政策論ならびに不動産政策研究は新たな感度をもって取り組む必要がある。

[引用文献]
中城康彦「明海大学不動産学部における不動産学教育」日本不動産学会誌　No.111 Vol.28 No.4　日本不動産学会（2015.3）pp 56-60
中城康彦「不動産業―不動産学部における専門教育プログラムの展開」都市住宅学　第99号　都市住宅学会（2017.10）pp 28-32
中城康彦「不動産学における都市住宅・居住研究の軌跡と課題」都市住宅学　第100号　都市住宅学会（2018.1）pp 103-104

[参考文献]
前川俊一「大学院不動産学研究科史」明海フロンティア　No.11　明海大学不動産学部（2012.3）pp 31-34
阪本一郎「不動産学部教育の特色と変遷」明海フロンティア　No.11　明海大学不動産学部（2012.3）pp 14-17

2-9

今後の不動産政策に求められるもの：経済学の視点

日本大学経済学部教授
中川 雅之

1 はじめに

　2016年に決定された新しい住生活基本計画においては、中古住宅市場の活性化が大きなテーマとして取り上げられている。この中古住宅市場の活性化にあたっては、不動産業者に大きな役割を果たしてもらうことが期待されている。実際に、不動産業者の重要事項説明にインスペクションの有無を入れた、宅地建物取引業法の改正案が成立した。

　このように不動産をめぐる政策環境は今大きく変わろうとしている。本稿ではそれを経済学的な観点から評価することを試みる。

　そもそも日本の不動産をめぐる状況とはどのような状況にあるのだろうか。図表1に示すように、法人が所有している不動産は約490兆円、国、地方公共団体が所有している不動産は454兆円存在する。それらはそれぞれCRE（Cooperate Real Estate Management）、PRE（Public Real Estate Management）という合理化が行われようとしている。一方その他の部門が所有している不動産は約1,356兆円存在し、これらの多くの部分が居住用の不動産などとして日本の家計のくらしを支えているものと考えられる。これらの不動産は、基本的には市場が的確に機能すれば、最も必要される主体に、最もうまく不動産を活用することができる主体に配分されていることが期待されている。

図表1 不動産資産の現状

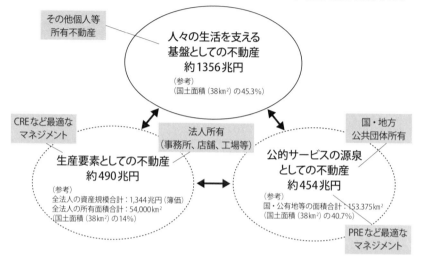

資料：「国民経済計算年報」（平成17年版）、「土地基本調査総合報告書」（平成18年）、「不動産の証券化実態調査」（平成19年）（「不動産」「法人不動産」「収益不動産」の資産額は平成15年1月1日時点、「証券化された不動産」「Jリート」の資産額は平成19年度末時点）
(注1) 土地基本調査に基づく時価ベースの金額（平成15年1月1日現在）、(注2) 法人企業統計に基づく簿価ベースの金額（平成17年末時点）、(注3) 証券化された不動産については、累計の実績規模（平成19年度末時点）、(注4) 平成19年度末時点、(注5) 道路・水路等の面積を含む、(注6) 国土交通省資料に基づき筆者作成

　しかし、不動産市場は売り手が持っている情報を買い手側がなかなか知ることができない、情報の非対称性の存在をはじめ、必ずしも経済学の教科書で描写されるような理想的な市場環境が実現している状態にはない。この情報の非対称性を緩和するために、不動産取引においては、不動産業者が専門家として仲介することが一般的である。この不動産業者の機能の仕方についても、その生産性を上げるために何らかの環境整備を行うことが求められるかもしれない。また不動産取引には税をはじめ様々な取引コストが発生する。このため、規制の合理化、税などの取引費用の低減、情報環境の整備などの市場環境の整備を行うことが求められている。ここでは、これらの政策を固有の不動産政策として位置付けることとしよう（図表2）。
　一方、不動産はその品質がそれを使用している者の使用価値を決定する

図表2　不動産政策に関する概念図

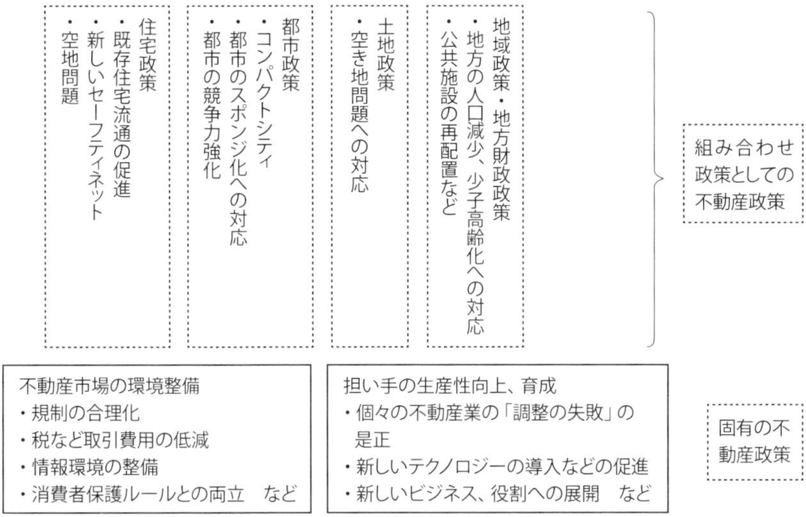

```
┌─────────────────────────────────────────────────────────────┐
│ ・住宅政策      ・都市政策           ・土地政策    ・地域政策・地方財政政策 │
│ ・既存住宅流通の ・コンパクトシティ   ・空き地問題  ・地方の人口減少、少子  │
│   促進          ・都市のスポンジ化    への対応     高齢化への対応       │
│ ・新しいセーフ     への対応                      ・公共施設の再配置など │
│   ティネット    ・都市の競争力強化                                    │
│ ・空地問題                                                         │
└─────────────────────────────────────────────────────────────┘
                                                      ｝ 組み合わせ
                                                         政策としての
                                                         不動産政策

┌───────────────────────┐ ┌───────────────────────┐
│ 不動産市場の環境整備    │ │ 担い手の生産性向上、育成 │
│ ・規制の合理化          │ │ ・個々の不動産業の「調整の失敗」の │
│ ・税など取引費用の低減   │ │   是正                │
│ ・情報環境の整備        │ │ ・新しいテクノロジーの導入などの促進 │
│ ・消費者保護ルールとの両立 など │ │ ・新しいビジネス、役割への展開 など │
└───────────────────────┘ └───────────────────────┘
                                                         固有の
                                                         不動産政策
```

のはもちろんだが、その近隣の都市環境を決定するなど、様々な外部性を有していることが知られている。このため、大きな意味では、住宅政策、都市政策、土地政策、地域政策・地方財政政策などと組み合わせてその効果が十分に発揮される。これらを、組み合わせ政策としての不動産政策と呼ぶこととしよう（図表2）。

　このように不動産政策は非常に広範な分野を含むものであり（経済学的な論点という絞り込みはあるにしても）、それを全て本稿で取り上げることはできない。このため、本稿では、不動産政策のうち狭義のもの、その中でも他の章で取り上げられていない産業政策としての不動産政策を主に取り上げて、経済学的な議論を行いたい。まず第2節では、住生活基本計画で前提とされている世界を前提に、どのような不動産市場の変化が求められているかを概観する。それを踏まえて不動産業にどのような役割が期待され、それをどう実現するかを議論することとするが、第3節で不動産業を経済学的に位置付けるところから始める。第4節ではその不動産業へのテクノロジーの導入について議論する。第5節はまとめである。

2　住生活基本計画が示す新たなビジョン

　新しい住生活基本計画では、今後の住宅政策の方向性が示されると同時に、それによって実現する国民の住生活、住宅市場の将来像が示されている。

　まず、いくつか重要な目標をピックアップしよう。家主が長期不在となっているなどの空家数について、2013年の318万戸から、趨勢ベースに比べて100万戸ほど増加を抑えて、2025年時点に400万戸程度とする目標を掲げている。また、2013年時点で市場規模4兆円の既存住宅の流通市場を、2025年に8兆円に倍増し、2013年に7兆円であるリフォーム市場を2025年に12兆円とする、という目標も掲げている。

　住宅市場とは、公営住宅や都市再生機構が保有するものを除き、ほとんどが個人を含む民間セクターが建設、保有している。そのような意味において、上記の目標は政府、公的機関の「目標」であると同時に、民間セクターの行動の予測を含んでいる。自由な民間経済活動が主役である世界で、政府が「予測」をして「目標」を立てることにどんな意味があるのだろうか。

　確かに、旧ソビエト連邦のように計画経済を採用している社会では、政府の「目標」は自己実現するであろう。一方、市場経済を採用している社会での「計画」は、その予測がはずれる、あるいは目標が達成できない可能性が高いと考えられる。そんな計画に一体どんな意味があるのだろうか。

　住宅市場には、住宅に居住する側の個人、住宅を貸す側の個人、事業者、住宅を建設し売却する側の事業者など、様々なプレイヤーが登場する。そして、需要者はいつ、どんな形態で、どこに、どのくらいの規模の住宅に住もうとするのか、供給者は同様の視点でどのような住宅を供給するのかを、それぞれの住宅市場の姿に関する予測に基づいて決定を行う。その際に、それぞれのプレイヤーの予測値がバラバラで、大きく離れている場合は、住宅市場が大きく不安定化する可能性があるだろう。示された予測値が必ずしも正確でなくても、共通の参照値をそれぞれのプレイヤーが持

っている場合には、予測値の誤差を修正しながら、最適な点に安定的に移行することが可能になるだろう。

　それでは、住生活基本計画によって示されたビジョンとは、どのようなものであろうか。まず、現在の住宅市場の構造を明らかにしてみよう。

　図表3に示されているように、2003年の住宅ストックは5389万戸であったが、10年後にはそれが6063万戸へと、674万戸増加している。一方、2008～2012年度の10年間の住宅着工戸数は1030万戸である。つまり、住宅着工戸数のうち356万戸はストック増に結びついていない。この中には、老朽化が進展してやむなく建替えられたものだけでなく、建物の質などに不安があるために、あえて建替えられたものも多く存在するであろう。さらに、674万戸のストック増加にしても、世帯増によりもたらされているのは524万戸にすぎず、残りの150万戸は、セカンドハウスや在庫増のような市場にとどまっている44万戸のほか、その他空家として分類される市場から排除されているストック増を含んでいる。

　新しい住生活基本計画では、図に示された世帯増がむしろ世帯減に転換するということを前提に（5,367万世帯（2019年）→5,244万世帯（2025年））、既存住宅流通市場の市場規模を倍増し、そのためにインスペクションの充実を含む様々な政策手段を講じるというものであった。このことは、新築を伴わない住宅取得を容易にするため、物理的に必要ない建替えなどを抑制し、その他空家の発生を防止する効果を伴い、図表3中列の灰色の部分は縮小することが予想される。

　確かに、既存住宅市場が活性化し、現在住んでいる住宅を相当の価格で売却し、品質のよい既存住宅を手に入れることができれば、住み替えなどが活性化し人々の住宅に関する需要が底上げされる可能性が高い。しかし、そのことを勘案しても新築住宅をこれまで引っ張ってきた世帯増、必ずしも老朽化を原因としていない建替えが低下することから、新築住宅着工が住宅市場の中心となっていたビジョンとは大きく異なる世界が示されていると考えるべきではないだろうか。

　筆者は住生活基本計画に示された将来像は、少なくとも定性的には、大きな違和感を持たないで受け止めることができると思っている。むしろ、

図表3 これまでの住宅ストックとフローの関係

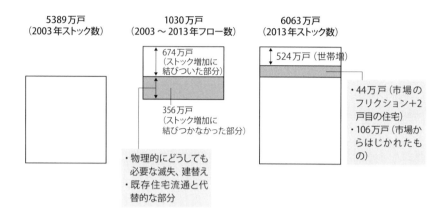

 この世界観の転換をより明示的に示すことで、政策資源の配分をより大胆なものとすることが今後求められると考える。ここで示される世界観は、既存住宅流通が主たる不動産の獲得手段となった世界である。その中では、おそらく新築中心の仲介を行ってきたこととは異なる機能を不動産業が果たすことが求められるのではないだろうか。そのような将来像を議論する前に、なぜ不動産業という仲介者が存在するのかを、原点に帰って考えてみよう。

3　不動産業の存在意義

 そもそもなぜ、不動産業者という自ら何の生産活動も行わない主体が、存在するのだろうか。このような売り手と買い手の間に立って、その取引の取次を行う主体は、経済学ではMiddlemanと呼ばれる。ここでは仲介人と呼び、それがどのような役割を果たしているのかに関する既存研究を紹介しよう。
 Rubinstein and Wolinsky (1987) では、財の売り手と買い手が存在し、それらが直接取引してもよく、間に仲介人を立てて取引してもいい世界が描かれている。売り手と買い手は、市場でお互いに相手を見つけて、その

図表4　Rubinstein and Wolinsky（1987）で描かれる世界

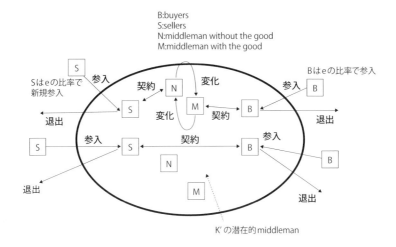

後交渉し価格を決めて、取引を決定する。

　図表4にあるように、売り手Sと買い手BがL人市場に存在するが、新規の売り手Sと買い手Bが、eの比率で市場に参入する。一方、潜在的な仲介人はK′存在し、市場にK人存在する仲介人は、財を持っていない仲介人Nと、財を持っている仲介人Mの2種類がある。つまり、売り手と出会った財を持っていない仲介人Nはそれを買い取って、財を持つ仲介人Mとなり、買い手と出会った場合にそれを売って、再び財を持たない仲介人Nとなる。

　この場合、仲介人が売り手と買い手のマッチング確率を上げる場合にだけ、仲介人が存在する均衡が存在することをRubinstein and Wolinsky（1987）では証明している。ではなぜ、仲介人が介在した場合に、売り手と買い手のマッチング確率が高まるのであろうか。

　Shevchenko（2004）では、複数の財の在庫を備えることができる仲介人が描かれる（図表5）。この世界の生産者は生産も消費も行うが、たまたま自分の生産している財を選好している場合を除き、市場に参入して他の生産者との財の交換を行うことが前提となる。ランダムマッチング過程で取引ができるのは、欲望の二重の一致があった場合に限られる。

図表5 Shevchenko (2004) で描かれる世界

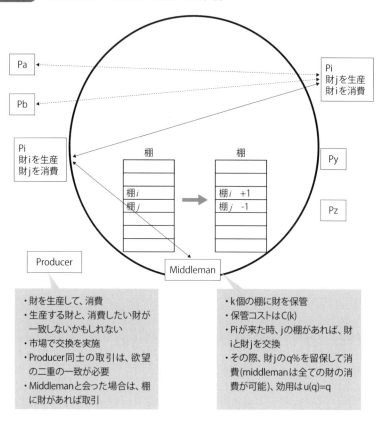

　一方仲介人は、「全ての財を消費できる」、言い換えれば、消費について特別の選好がないという仮定から、生産者と仲介人の取引には、欲望の二重の一致は必要とされない。つまり仲介人は、全ての生産者から財を引き受けることが可能である。しかし、生産者は自らが欲しい財を仲介人が持っている場合にだけ、取引を行うこととなる。

　仲介人はkの棚を持っており、その棚に財を1単位ずつ保管しておける。その際のコストは$C(k)$であり、kが多いほどコストも高くなる。一方kが多いほど、ランダムに訪れる生産者の欲しい財を持っている可能性が高くなる。このように仲介者は、在庫コストとマッチング確率のトレードオフ

関係から、棚の数kを決定することになるが、複数の在庫あるいは情報を抱えることで、生産者の探索費用を節約させるという役割を果たす。

また、Biglaiser and Friedman（1994）においては、仲介人の役割として、品質情報などについて、情報の非対称性を緩和できることが強調されている。

このように仲介者としての不動産業者の存在意義は、「たくさんのバラエティーの不動産の在庫、情報を抱えること」と、「情報の非対称性を緩和すること」により、売り手と買い手のマッチング確率を上げるところにあると、まとめることができよう。

第2節で示したように今後の不動産取引の主たるものが既存住宅取引で占められるようになった場合、これまでに示した不動産業が果たしてきた機能にどのような影響をもたらすのだろうか。一つは、ⅰ）既存住宅はその管理状態などによって質が大きく変わるため、取引に際してやりとりされる情報の量が非常に大きなものとなることである。もう一つはⅱ）注文住宅のようにオーダーメイドで自分に合ったものを作り上げるのではなく、既に存在する大量の在庫から買い手に合ったものを探し出す、マッチング機能がより重視されることになるということであろう。このように、不動産業者に本来求められていた役割は、より重要で困難なものとなる可能性が高い。不動産業で使用可能な人材も資源を限られている中で、その機能を十分に果たすためにはどのような対応が求められるのであろうか。情報を蓄積し、サーチし、マッチングするという機能はIT技術の導入と非常に相性がいいことが知られている。次節では、テクノロジーの導入は、この不動産業者の役割にどのような影響を与えるのかについて議論する。

4　ITテクノロジーの導入状況

近年、不動産市場においても、ITをはじめとしたテクノロジーの導入が積極的に行われようとしている。その背景としては、不動産や地域に関連した情報が電子化され、その蓄積が進みつつあることと、AIが発達することで、機械学習により、このビッグデータについて、より優れた解析を行

うことが可能になっていることがあげられよう。またそれだけでなく、VR（仮想現実）などのテクノロジーの発達も、これらの動きを後押ししている。このため、日本においても価格推定サービス、3D間取りシミュレーター、バーチャル内覧、スマートロック、スマートフォンなどを通じた顧客との頻繁なコミュニケーションサービスやITを用いた重要事項説明などのサービスが提供されつつある。

　これらのサービスは、不動産業者が主に買い手に対して行う様々なサービス、つまり価格査定、参考価格の提示、内覧、購入後の住生活のコンサルティングなどのコストを下げ、重要事項説明という法律上の義務の履行のコストを下げる効果を有する。大量の客観性を備えた参考価格の提示、多くの物件の内覧による視覚情報の提供、購入後の住生活に関する3-Dを用いたコンサルティングにより、それがない場合に比べて多くの情報が買い手に提供されることになり、情報の非対称性の一定の緩和につながることが期待される。

　これを、米国と比較してみよう。米国でテクノロジーの導入も、非常に大くくりに言えば、自動価格査定、VRによる内覧、スマートフォンを通じた顧客とのコミュニケーションのためのアプリケーション、電子契約などによって構成されており、基本的には日本で導入されようとしているものと大きな相違はないように感じられる。

　しかし、異なる点が存在する。それはMLS（Multi Listing Services）の存在に起因する。これは、情報システムを共同利用して、個々の不動産業者がアクセスできる物件情報の数を、地域の不動産市場を網羅するレベルまで引き上げる仕組みである。つまり、地域の不動産市場ごとに、全ての売り物件の情報が集中して管理されているだけでなく、対象物件の状態に関する情報、売買履歴、周辺の物件の売買の履歴や成約価格、周辺地域の人口、経済活動、災害等の情報が、重ねられる形で閲覧することができるようになっている。MLSに加盟している不動産業者は、この統合情報システムを利用することができる代わりに、全ての物件をMLSにあげる義務や、売買や交渉に関する情報の管理を厳格に行う義務を負っている。さらに、このMLSに接続する形で、前述のスマートロックに該当するキイボックス

サービスや、統一契約書、電子契約サービスなどが利用できるようになっている。このMLSに代表されるシステムは、不動産業者の共同作業を通じて、不動産業者が抱える在庫、情報を飛躍的に拡大する効果を持つものと整理することができよう。

5　まとめ

　これまで説明してきたようなテクノロジーはそもそも、不動産業者の機能にどのような影響を与えるのであろうか。第3節で説明したように、そもそも仲介人としての不動産業者は大きな在庫ストックあるいは情報を抱えることで、売り手、買い手のマッチング確率を上げること、売り手と買い手間の情報の非対称性を解消することに、その存在意義があった。このような性質を持つ不動産業者の機能を、テクノロジーは飛躍的に伸ばす可能性がある。しかし、前述のように日本と米国ではその導入状況に、一定の差異が存在する。米国でのIT技術の導入の状況を図表6としてまとめてみた。図表6にあるように、米国での不動産流通を促進するために用いられているテクノロジーは、

　タイプα：個々の不動産の情報伝達コストを引き下げ、顧客（売り手、買い手）への情報伝達量を増加させるタイプのもの（図表6の実線で表現されている部分）

　タイプβ：MLSという不動産市場全体の、つまり、参加する不動産事業者全ての情報伝達コストを引き下げるタイプのもの（図表6の点線で表現されている部分）

に分類される。先述の日本において導入されようとしているテクノロジーは、上記のタイプαのものがほとんどであることがわかる。日本においては、レインズという売り物件の統一情報システムがあるが、ステータス管理の厳格化が始まったばかりであり、地域情報との重ね合わせは、不動産情報ストック構想として横浜市で実施されているが、実用化のめどは立っていない。

　新しい技術の導入はこれまでの業態を変化させ、大きな参入退出を生む

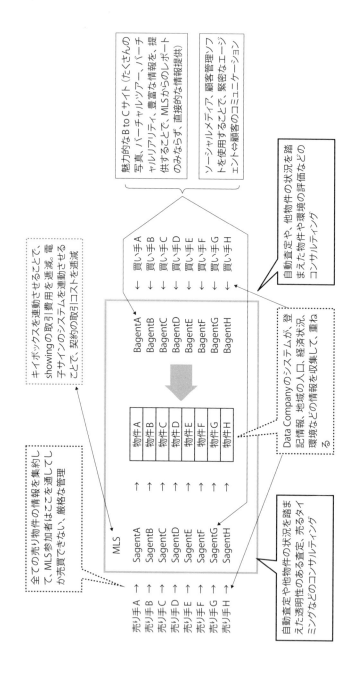

図表6　米国におけるテクノロジーの導入状況

第2部　学際的・分野横断的な不動産政策研究の展望と課題

かもしれない。しかし、既存住宅市場を中心とした新しい住宅市場の到来も、技術の進歩もおそらく不可逆な動きだろう。不動産業政策として、テクノロジーの導入を前提とした不動産市場、取引のビジョンの提示と、それを実現するための規制の見直しが進められることを期待したい。

　（謝辞）
　この研究は日本大学中国アジア研究センターの助成金を得ている。ここで深く感謝したい。

［参考文献］
中川雅之（2016）「住生活基本計画が示す新たなビジョン―新築住宅を中心とした市場からの転換―」、『FRKコミュニケーション』2017年1月、pp10-11
中川雅之（2017）「テクノロジーは不動産市場に何をもたらすのか」、『人工知能』2017.7、32巻、第4号、pp576-583
Biglaiser, G., & Friedman, J. W. (1994) "Middlemen as guarantors of quality", International *Journal of Industrial Organization,* 12（4）, 509-531
Shevchenko, A. (2004) "Middleman", *International Economic Review,* 45（1）, pp1-24

2-10

都市計画から見た不動産政策研究の政策課題と今後の期待

東京大学大学院工学系研究科教授
浅見 泰司

1 はじめに

　都市計画から見た不動産政策とは、都市活動を活性化しつつ居住・営業環境を守ることができるよう、不動産の開発や改変をコントロールすることである。このため、都市計画分野での不動産政策研究としては、不動産開発の現状把握、市街地環境や都市活動の現状把握、それらの相互関連の分析、不動産開発コントロールのための規制、補助制度などのあり方の研究がある。

　都市にとって、不動産開発や再開発は都市発展に欠かせない重要な事業である一方で、ともすると都市環境を脅かす元凶とも捉えられてきた。現行の都市計画法のそもそもの成り立ちは、いかに無秩序な不動産開発を抑えるかという課題から出発した。そのために、原則として市街化区域内のみの開発しか認めず、計画的な開発に限り市街化区域外の開発を認めることとした。また、近隣環境を守るために、建築規制や土地利用規制で未然に深刻な環境悪化のトラブルを回避する仕組みを作った。これが、1968年に定められた都市計画法の大きな枠組みである。

　その後、不動産開発のブームは何度か訪れた。都市計画法が制定された当時はいざなぎ景気の最中であり、その後も田中角栄の日本列島改造論に象徴される全国的な開発ブームを引き起こした。その直後に石油危機によ

り景気は減退したが、その反省から国土利用計画法が制定された。

　なんと言っても大きな影響を残したのは、1980年代のバブル景気である。土地神話に支えられた不動産の先高感により、過剰な不動産取引がなされ不動産価格が大きく急騰した。当時、業務床が不足しているという認識から、業務ビルの開発用地を求めて、地上げが横行した。時には、違法行為をしてまで行われる地上げもあり、大きな社会問題にもなった。当時の不動産開発の圧力に対して、バブルを抑えるには当時の都市計画の枠組みは無力であり、都市計画がバブルに翻弄された感もあった。

　1990年代には不動産価格が上がり続けるという神話が崩れ、不動産価格は大きく下がっていった。この中で、地上げに失敗して有効に使えない土地が取り残され、不動産の担保価値が崩れて不良債権化し、多くの企業や個人までもがその後始末に追われた。後始末のために、日本政府も大量の国債を発行し、経済再建事業を行った。この後遺症は未だに続いており、残された大量の国債発行残高は日本の財政運営を脅かしている。

　人口や世帯数が減少に転じると、不動産の過剰「在庫」が問題になった。空き地、空き家問題の発生である。現在の大きな課題としては、今後も大量に発生すると思われる空き地、空き家にどのように対処していくかがある。各地で、空き地や空き家の有効利用策が模索されている。もちろん、空き地や空き家を有効に利用できれば良いが、そうでないものは、社会的な費用がかからない状態に速やかに移行していくことも大切である。空き家の特別措置法はそのための第一歩ではあるが、この法律で対応できる範囲は極めて限られている。また、都市をコンパクトにするための政策は進められているものの、都市計画制度だけで対応しきれるものではない。

2　都市計画分野の不動産政策研究

　最近（2017年以降）、日本で行われている都市計画分野における主な不動産政策研究としては以下の5つがある。

（1）都市のコンパクトシティ化政策に関する研究

比較的多く行われているのが、コンパクトシティ化政策に関する分析である。例えば、現在実施されているコンパクトシティ化政策に内在する課題（小澤ほか, 2017; 金ほか, 2017; 越川ほか, 2017; 山根ほか, 2017）、コンパクトシティ化のあり方や進め方に関する研究（櫻井ほか, 2017; 松縄・藤田, 2017; 松本ほか, 2017; 森本ほか, 2018; 矢吹ほか, 2017）、コンパクトシティ化政策の意思決定支援モデル（Asami, 2018）、コンパクトシティ化を拒む社会的要因の分析（Suzuki & Asami, 2017a）などがある。コンパクトシティ化を進めるには様々な調整や分析が求められ、そのあり方に対する示唆を与える研究が多い。

（2）都市再生政策に関する研究

もう一つ多く行われているのが、都市再生方策に関する研究である。特定の事業や事業制度に着目して、事業プロセスの実態や課題をあぶり出す研究が多い（伊藤ほか, 2017; 太田, 2017; 蕭・瀬田, 2017; 宋・御手洗, 2017; 永井ほか, 2017; 西山ほか, 2017; 福岡・野嶋, 2017; 松本・澤木, 2017; 圓山ほか, 2017）。これらの研究は、個別の不動産政策の影響やあり方に示唆を与えてくれる。

（3）空き地・空き家政策に関する研究

空き地や空き家関連の研究も多い。空き地マネジメント研究（吉武ほか, 2017）、撤退パターン分析（和氣ほか, 2017）、空き家の再生方策の研究（平ほか, 2017）、空き家発生リスクの分析（西浦・小林, 2017; Baba & Asami, 2017）、空き家発生につながる住宅市場メカニズム（五十石・石井, 2017; Suzuki & Asami, 2017b; 鈴木・浅見, 2017）などがある。空き地や空き家への対処方法、背景となる市場メカニズムの理解につながる研究が多い。

（4）都市計画制度に関する研究

不動産開発にも関わる都市計画制度としては、容積率規制、土地利用規制などがある。特に、容積移転制度は海外で進められており、その導入過

程や課題に関する研究が行われている（北崎, 2017; 蕭ほか, 2017a,b）。また、用途混在に関する居住者の意識から、可能な用途混在のあり方を分析した研究もある（石川・浅見, 2017）。

(5) 都市の低炭素化に関する研究

近年の不動産開発では、低炭素化に資する開発が重視されている。このテーマに関連した研究としては、環境配慮街区形成の研究（西村・瀬田, 2017）、SDGs（国連の定めた持続可能な開発目標）を基にした都市評価（Kawakubo et al, 2017）などがある。

3 不動産政策につながる都市計画研究に向けて

最近の研究傾向を見ると、現代的な都市計画課題を扱ったテーマが多い。都市計画が常に実学として、現代の都市問題を解決する志向が強いことからすれば、当然のこととも言える。また、現在の問題点を浮かび上がらせるという視点から、詳細な実態調査からその傾向や課題を考察したものが多い。研究から示唆される不動産関連政策は、実態をベースにしたものであるという点で、現場に直接的に役立ちそうな提案が多い。今現場が欲している不動産政策は何かを学び取るには、都市計画のこれらの研究は貴重な存在である。他方で、実態調査からすぐに政策提案に結びつけてしまうと、提案された政策がどのような副次的な効果を持つか、他の政策と比較して提案している政策が優れていると言えるのか、他の重要な政策課題と比較して対象となる地区や分野に資源を投入することが社会的に最適なのかなどについては、必ずしも十分な検討がなされていないことも多く、実際に政策として展開する場合には慎重な検討が必要である。

実態調査型ではない都市計画研究によくある研究の型として、特定の限られた指標で地域を評価する指標調査型研究がある。指標を使って地域の状況を推定しようとするが、指標の限られた情報だけでは十分ではない。そのため、しばしば現地調査も行って状況を把握することになる。時としてそれを指標値の解釈として用いることがある。現地調査があったからこ

そわかったのであるならば、指標値からだけでは演繹はできないことを明示すべきである。また仮に、現地の詳細な調査をせずに、指標値のみから判断して政策提案をする場合は、指標値で測れた側面のみしか見ていないことを意識すべきであり、その点で政策提案が完全ではない可能性を明示すべきである。

　調査型ではない研究として、モデル分析型研究がある。分析対象となる地域の構成員や組織の行動規範をもとにモデルを構築し、その帰結を求める予測モデル分析や、特定の目的関数を最適化して、適切な解を求める最適化モデルがこれにあたる。この種の研究の優れた点は、行動メカニズムと全体の帰結の関係を明確に理解することができることである。他方で、しばしばこのような研究が批判される点ではあるが、モデル化した行動規範から外れた行動をとる者は現実には出てくるし、また、目的関数とは外れた社会規範もあるために、一面的な分析に陥ってしまう可能性がある。

　これら、不動産政策につながる都市計画研究の長所を活かし、短所を補完するためには、総体として多面的な関心領域を持ち、多面的な価値観基準を包摂する不動産学との連携が望ましい（浅見, 2012; 浅見, 2015）。不動産学は、都市計画以外に、法学、経済学、社会学、地理学、心理学などの社会科学や建築学、土木工学などの工学も包含する対象志向の学際的な学問である。都市法学的な領域においては適切な権利関係の構築やそれを安定的に維持する法的手続きのあり方の探求がなされる。都市経済学的な領域においては都市現象を市場現象として捉えた分析がなされる。都市社会学的な領域においては都市における人間関係や社会構造の分析がなされる。これらの中には、都市現象が起きる背後のメカニズム解明や他施策との比較に関する分析も多い。その知見を活かすことで、都市計画研究で提唱された政策の妥当性を多角的に検討することができる。

　根拠に基づいた政策（evidence-based policy）は、政策科学において客観的根拠に基づいた政策決定方法である（浅見, 2012）。公共政策において、思いつき的に出される施策のアイデアには、その効果が疑問視されるものも多い。根拠に基づいた政策では、効果が疑問な施策はあらかじめふるい落とされるために、より効果の高い施策を選択することができる。問題はこ

の根拠をどのように検討するかである。通常、公共政策の妥当性を検討するためには、(1) その政策が社会にとって有益であること（例えば、費用便益分析を行い、便益が費用を上回ることを確認できること）、(2) 他の可能性ある政策よりも優れていること（例えば、補助金、税制優遇、規制緩和など様々な手段の中での優越性を確認すること）、(3) 公正性が確保されていること（例えば、社会的な不平等を助長したり、人や地区によって対応が異なったりするなどの不公正がないことを確認すること）などの条件を満たす必要がある。これらのチェックを一つの研究で全て行うことは容易ではない。そのためにも、多角的な検討を都市計画以外の分野の力も借りて行うことが重要である。

4　不動産の政策課題

　今後も都市計画分野における不動産政策研究では、現代的な都市問題を捉え、それを不動産政策としてどのように対処すべきかを探求していくものと思われる。そこで、今後に進めるべき不動産政策研究のテーマについて考えてみたい。

　今後の都市計画の課題を解決していくには、都市の縮退を適切に誘導するための不動産政策や機動的に都市を再生していく不動産政策が求められる。どちらにも共通するのは、柔軟な権利の調整の必要性である。不動産の権利については、権利者の確定、権利者の合意形成、手続きの合理化などが重要である。

　権利者の確定の問題としては、近年話題となっている所有者不明不動産の問題がある。不動産は不動産登記することで権利関係を公示する役割を果たす。しかし、権利部の不動産登記は義務づけられておらず、現実にも登記情報が不完全であることはしばしば指摘される。例えば、不動産の権利を保全するために登記を利用できるとしても、不動産の価値が登記の費用よりも低ければ、登記するメリットはない。相続しても登記をしないなど、登記情報が古くなってしまうこともある。また、実際の登記に関する運用は登記情報が不完全であることを前提にしているために、登記をしていないからといって、直ちに所有権が奪われるわけではない。仮に、数代

前から登記を怠っているとすると、本来の所有者は何十人、何百人にもなってしまうことがあり、全員を特定することは難しくなる。特に、東日本大震災で、不動産の整理や取引を行おうとした際にこの問題が顕在化し、震災復興事業にあたった市町村などが多大の苦労を強いられたことは記憶に新しい。権利者情報が完全であることは、都市計画事業を円滑に進めるためにも望ましく、不動産の権利情報の完全化は都市計画としても望まれる不動産政策の一つである。

　権利者の合意形成は、典型的にはマンションの区分所有関係解消の決議や建て替え決議などで必要となる。現行の法制度下では、基本的に不動産の所有権は強く守られており、所有権の移動については慎重な手続きが求められている。現状を変更しようとする側に負担が重く、現状維持派の権利が守られるルールとなって、法定化されている。現状を変えるような事業を行おうとすると、合意形成要件は厳しいために、事業が進みにくくなる。そのため、都市更新や都市改変に際して、多大な費用を強いられる。今後、都市が縮退し、不動産市場としても小さくなっていく中で、合意形成要件を厳しくしておくと、ますます現状変更が相対的に難しくなってしまい、老朽化した不動産や過大な未利用不動産が取り残され、放置されることにつながりかねない。このためにも、所有権は適切に守られつつも、合意形成要件を合理化して、社会的に必要な事業のハードルを下げるようにしなければならない。

　都市の事業制度では、権利を守るために厳格な手続きが定められている。手続きというのは、一般に、そのステップが増えるほど、手間・時間・費用がかかる傾向にある。よって、不動産の諸権利が適正に守られ、公正性が担保されるのであれば、手続き自体は簡素化する方が社会的に望ましい。この観点からも、不動産開発・再開発に関わる諸制度を再検討し、合理化していかねばならない。

　都市計画は、以前は将来像の策定、それにあわせた計画の策定、計画目的に合致した規制の設定という一連のプロセスが念頭にあり、その背後には将来的に成熟した安定的な都市構造を達成できるという暗黙の仮定があった。しかし、都市が縮退する昨今では、安定的な都市構造は存在せず、

常に縮小に向けて変化していく将来がある。都市課題に対応する都市のマネジメントを状況に動的に対応しながら進める都市政策が求められている。そのため、不動産も変化することを前提とした不動産制度に改変していく必要がある。これこそが現在求められている不動産政策であり、その基盤となる不動産政策研究を進めていかねばならない。

[参考文献]

浅見泰司 (2012)「都市計画からみた不動産学への期待：根拠に基づく計画に向けて」『日本不動産学会誌』26 (1), 6-9.

浅見泰司 (2015)「不動産学研究の広がり」『日本不動産学会誌』28 (4), 112-115.

Yasushi Asami (2018) "Planning support models in an era of shrinking population: Recent planning trends and research developments in Japan" Claudia Yamu, Alenka Poplin, Oswald Devisch, Gert de Roo (eds.) *The Virtual and the Real in Planning and Urban Design: Perspectives, Practices and Applications,* Routledge, London, pp.170-185.

石川徹, 浅見泰司 (2017)「居住環境と利便性を考慮した住宅地への用途混在に対する居住者の評価」『都市計画論文集』52 (3), 1298-1303.

五十石俊祐, 石井儀光 (2017)「広い持ち家に住む高齢単身・夫婦世帯の割合が高い一次通勤圏の特徴」『日本建築学会計画系論文集』82 (741), 2915-2925.

伊藤謙, 中井検裕, 沼田麻美子 (2017)「公共用地の減少に着目した大街区化の実態に関する研究：市街地再開発事業を主対象として」『都市計画論文集』52 (3), 1143-1149.

太田尚孝 (2017)「大都市インナーシティのジェントリフィケーションへの都市計画的対応の可能性と課題に関する研究：ドイツのハンブルク市における建設法典第172条の運用実態に注目して」『都市計画論文集』52 (3), 937-944.

小澤悠, 高見淳史, 原田昇 (2017)「都市計画マスタープランにみる多核連携型コンパクトシティの計画と現状に関する研究：商業・医療機能の立地と核間公共交通に着目した都市間比較」『都市計画論文集』52 (1), 10-17.

Shun Kawakubo, Shuzo Murakami, Toshiharu Ikaga, Yasushi Asami (2017) "Sustainability assessment of cities: SDGs and GHG emissions" Building Research & Information, DOI: 10.1080/09613218.2017.1356120.

北崎朋希 (2017)「歴史的建造物の保全活用を目的とした容積移転負担金制度の導入過程と活用実態：ニューヨーク市におけるミッドタウン特別地区シアター街区を対象として」『都市計画論文集』52 (3), 640-645.

金洪槇, 樋野公宏, 浅見泰司 (2017)「高齢者の社会参加による社会的効果：財政・介護労働力の観点に着目して」『都市計画論文集』52 (3), 1304-1311.

越川知紘, 森本瑛士, 谷口守 (2017)「コンパクトシティ政策に対する記述と評価の乖離実態：都市計画マスタープランに着目して」『都市計画論文集』52 (3), 1130-1136.

櫻井祥之, 小川宏樹, 長曽我部まどか (2017)「下水道整備計画を踏まえた市街地集約に関する一考察：和歌山市でのケーススタディ」『都市計画論文集』52 (3), 475-480.

蕭閎偉, 城所哲夫, 瀬田史彦 (2017a)「容積バンクの成立要因及び課題の解明：台北市における容積移転諸制度の運用に関する研究　その1」『日本建築学会計画系論文集』82 (740), 2649-2659.

蕭閎偉, 城所哲夫, 瀬田史彦 (2017b)「歴史的街区における容積移転制度の導入の意義と課題の解明：台北市における容積移転諸制度の運用に関する研究　その2」『日本建築学会計画系論文集』82 (742), 3147-3157.

蕭閎偉, 瀬田史彦 (2017)「台北市における都市更新の事業実施プロセスとその実態：竣工済みの実例に基づく実施範囲・方式別の特徴に関する分析」『日本建築学会計画系論文集』82 (741), 2875-2883.

Masatomo Suzuki, Yasushi Asami (2017a) "Shrinking metropolitan area: Costly home-ownership and slow spatial shrinkage" *Urban Studies,* Online first, https://doi.org/10.1177/0042098017743709.

Masatomo Suzuki, Yasushi Asami (2017b) "Tenant Protection, Temporal Vacancy and Frequent Reconstruction in the Rental Housing Market" *Real Estate Economics,* June 5, 2017 online, DOI: 10.1111/1540-6229.12205.

鈴木雅智, 浅見泰司 (2017)「東京大都市圏郊外の中古住宅市場における需給バランス」『都市計画論文集』52 (3), 514-520.

宋俊煥, 御手洗潤 (2017)「地域特性と目標・評価指標からみた「都市再生整備計画」の類型と傾向分析」『都市計画論文集』52 (3), 494-501.

平修久, 西浦定継, 吉川富夫 (2017)「アメリカの管財人制度による空き家再生方策」『都市計画論文集』52 (2), 155-160.

永井真生, 中井検裕, 沼田麻美子 (2017)「地方都市の容積低充足市街地再開発事業の成立要因に関する研究」『都市計画論文集』52 (3), 983-990.

西浦定継, 小林利夫 (2017)「地域要因からみる空き家発生リスクの試算に関する研究：東京都日野市の空き家調査データを事例に」『日本建築学会計画系論文集』82 (740), 2629-2635.

西村愛, 瀬田史彦 (2017)「環境配慮街区形成の推進方策に関する研究：フランスエコカルティエ認証制度と日本における認証事例からの考察」『都市計画論文集』52 (3), 393-398.

西山徳, 樋口秀, 中出文平, 松川寿也 (2017)「地方都市での勤労単身世帯の居住実態とまちなか居住の可能性に関する研究」『都市計画論文集』52 (3), 1022-1028.

Hiroki Baba, Yasushi Asami (2017) "Regional Differences in the Socio-economic and Built-environment Factors of Vacant House Ratio as a Key Indicator for Spatial Urban Shrinkage" *Urban and Regional Planning Review,* 4, 251-267.

福岡敏成, 野嶋慎二 (2017)「地方都市中心部における小規模住宅団地による居住空間の再構築に関する研究：金沢市「まちなか住宅団地整備費補助金」を対象として」『都市計画論文集』52 (3), 1014-1021.

松縄暢, 藤田朗 (2017)「居住誘導施策の費用便益分析：大都市圏郊外部におけるケーススタディ」『都市計画論文集』52 (3), 467-474.

松本邦彦, 澤木昌典 (2017)「店舗へのコンバージョンが歴史的市街地の保全と活性化に与える影響：中国・武漢市タンファリン歴史的街区を事例に」『都市計画論文集』52 (3), 1226-1231.

松本慎, 後藤春彦, 山村崇 (2017)「高齢者の外出行動と親世帯・子世帯の近接性に関する研究：埼玉県坂戸市に居住する高齢者への対面式調査を通して」『都市計画論文集』52 (3), 316-322.

圓山王国, 真鍋陸太郎, 村山顕人, 大方潤一郎 (2017)「転換期にある繊維問屋街の空間変容と再生の取り組みに関する研究：東京東神田・馬喰町地区と名古屋錦二丁目地区を対象として」『都市計画論文集』52 (2), 161-168.

森本瑛士, 越川知紘, 谷口守 (2018)「拠点間公共交通所要時間の実態分析：コンパクト＋ネットワークによる都市サービス機能の補完を見据えた基礎的検討」『交通工学論文集』4 (1), A_71-A_79.

矢吹剣一, 黒瀬武史, 西村幸夫 (2017)「人口減少都市における縮退型都市計画の導入プロセスに関する研究：米国ミシガン州フリント市の総合計画及び土地利用規制の策定における計画技法と合意形成に着目して」『日本建築学会計画系論文集』82 (740), 2609-2617.

山根優生, 森本瑛士, 谷口守 (2017)「「小さな拠点」が有する多義性と「コンパクト＋ネットワーク」政策がもたらすパラドクス」『土木計画学研究・論文集D3 (土木計画学)』73 (5), I_389-I_398.

吉武俊一郎, 高見沢実, 渕井達也 (2017)「大都市圏郊外都市における地域コミュニティ関与による空き地マネジメントの可能性に関する研究：横須賀市縮減市街地におけるケーススタディを通して」『都市計画論文集』52 (3), 1036-1043.

和氣悠, 氏原岳人, 阿部宏史 (2017)「"住宅地のつくられ方"からみた撤退パターンのモデル化：岡山市の311地区の統計分析に基づいて」『都市計画論文集』52 (3), 1029-1035.

2-11

法律学から見た
不動産政策研究の展望と期待

慶應義塾大学大学院法務研究科教授
松尾 弘

1　現代における不動産政策の課題と法制度の対応

　法律学の観点から見た場合、不動産政策に関しては、不動産、すなわち、土地およびその定着物としての建物・施設・樹木等（民法86条1項）の所有および利用につき、正義に適い、かつその効用を最大化するような立法（法改正を含む）および法解釈をどのようにして行うかが重要な課題になる。そうした立法や法解釈は、一面では不動産の効用を社会的に最大化しうるような開発政策の実現手段としての意味をもつ一方、不動産の開発政策それ自体を策定する際に遵守すべきルールとしての意味をもつという2つの側面をもつ。そのようにして不動産開発政策を策定し、実現することは、立法および法解釈を通じて不動産の効用を高めるための制度変化のありうべきプロセスを探求することにほかならず、開発法学の重要問題を構成している[1]。

　不動産の開発政策としての不動産政策は、土地政策一般、農地政策、森林政策、住宅政策、都市政策、…という様々な側面をもつ。と同時に、これらの諸側面は相互に関係している。したがって、そうした不動産政策の諸側面の相互関連性も確認しながら、立法および法解釈に反映させてゆく

---

1) 開発法学における不動産法制を中心とする所有権法の重要性に関しては、松尾弘『開発法学の基礎理論——良い統治のための法律学』（勁草書房、2012）、特に174-185頁参照。

必要がある。

　現代の日本における不動産政策は多くの課題を抱えている。とりわけ、少子・高齢化、人口の減少および経済活動の停滞の傾向が続く中で、耕作放棄地、空地・空家問題等に象徴されるような土地・建物の未利用問題が顕在化し、やがてそれは有効な対応策が実施されずに時間が経過することにより、土地・建物の相続が生じても所有権移転登記がされないまま放置される等の状態をもたらし、ある意味で必然的に、土地・建物の所有者不明問題に通じることになった。それは宅地・建物、農地および森林の何れについても生じている。その結果、この問題は都市および地方、農山村におけるコミュニティの機能不全や崩壊といった都市問題をも深刻化させている。

　現代は、これら不動産政策に関わる問題に対し、法律学がどのように対応すべきかを抜本的に再考することを必要としており、そしてある意味ではそのための好機であるともいえる。これは法政策の策定・実現に関する開発法学の中心論点でもある。その際には、不動産に関する制度の連続性を再認識することから出発する必要がある。なぜなら、現在の制度は過去から続く制度変化の帰結にほかならず、将来のあるべき制度変化も現在の制度の変化の帰結以外にありえないからである。このような開発法学的な観点から見た場合、日本の法律学においては、不動産に関する法制度の連続性に関する意識が不十分であったといわざるをえない。このことは、とりわけ、明治期に形成された現在の不動産法制の基盤と、それ以前の制度との連続性、および現代の不動産法制との連続性の双方について当てはまる。このような制度の連続性の意識を欠いた法律学、立法および法解釈は、きわめて深刻な問題を日本社会にもたらすことになった。それを象徴する現象が、現在の日本の都市および地方の双方で看取されるきわめてアンバランスな開発、それによってもたらされる過密と過疎の同時存在、アグリーな都市景観やスポンジ化、地方の衰退、農村の崩壊、都市と地方の格差の拡大、市民の間の資産・所得格差の拡大、地価高騰、不動産バブルとその崩壊、耕作放棄地・空地・空家の増加、所有者不明土地の増加等（以下、不動産問題という）である。現代日本の主要問題を構成するこれらの

現象は、相互に密接に関わっている。そして、興味深いことに、このような日本の跛行的な開発と開発利益の偏在という光景は、短期間での急激な開発ラッシュの末に収拾がつかなくなってしまうという、いわゆる発展途上国の典型的な姿と二重写しになっている。明治維新から150年を経た今、近代化を成し遂げ、いわゆる先進国になり切ったと思っていた日本の実像は、そのメッキが剥がれてみると、実は大きな欠陥を抱えていたのかも知れない。真の意味での先進国へと進化するために、一体何が欠けていたのだろうか。

ここで改めて、将来に向けての前向きで着実な発展を展望するためにも、不動産政策とそれに対する法制度の対応を検証し、あるべき方向性を探ってみたい。

2 不動産政策と法制度の変遷

アンバランスな開発、過密と過疎の並存、アグリーな景観、都市と地方の格差、地価高騰、不動産バブルとその崩壊、耕作放棄地・空地・空家の増加、所有者不明土地の増加、不動産所有権放棄問題の発生、…等々の不動産問題に対し、日本の政府および法制度が何ら手を拱いていたわけではない。むしろ、これに対応すべき不動産政策とその法制度化は、アイディアないしメニューとしては出尽くした感すらある[2]。しかしながら、不動産政策の策定とその法制度化の順序とタイミングの問題により、その効果が十分に発揮できなかったのではないかという問題点が残されているように感じられる。

例えば、土地の計画的利用に関しては、すでに東京市区改正条例（明治21年勅令62号）、東京市区改正土地建物処分規則（明治22年勅令5号）がある。これは東京の既成街区を、近代的都市構造をもつ市街地に改造し、道路・河川・橋梁・鉄道等の都市基盤施設を整備するために、東京市区という地域的受益者の負担ということを原則として実施するものであった[3]。し

---

[2] 小森治夫「現代日本の土地問題と土地政策（下）：地方自治の視点から」財政学研究18号（1993）37頁参照。

かし、同条例に基づく用地買収や建築制限、都市基盤施設整備は、その適用地区以外には及ばなかったことから、その適用を外れた地区では、いわば反動的に無計画・無規制の開発が進むことになった。これに加えて、日清戦争（明治27-28年）、日露戦争（明治37-38年）による戦時需要の増大、産業資本主義の展開に伴い、企業および労働者の都市集中が急速に進行した結果、無秩序な濫開発や宅地化が急激に進行することになった。日本の都市にしばしば見出されるアグリーな景観の形成は、こうした法制度整備の順序とタイミングの問題に起因する面も大きいと思われる。

　国家による都市計画とその実施は、都市計画法（大正8年法律36号。以下、旧都市計画法）および市街地建築物法（大正8年法律37号）に基づき、緩やかな用途地域制度を導入すること等によって行われることになった。しかし、これらの法律でも、都市計画区域外や市街地外では規制がないことを逆に浮き上がらせることになり、そうした適用区域外での濫開発に歯止めをかけるものとはならなかった。

　都市計画における地方の主体性の重要性が認識され出したのは、第2次大戦後のシャウプ勧告（昭和24年）において、旧都市計画法が国と地方の行政事務の再配分の1つとして取り上げられ、「都市計画は地方に全面的に移譲できる事務」とされたことが重要な契機となった。しかし、これは新しい都市計画法（昭和43年法律100号）が制定されるまで実現されず、この間も《規制のないところでは開発は自由である》という意味で理解された「所有権の絶対性」の観念が普及することになった[4]。新しい都市計画法により、都市計画区域が広域化され、かつ用途地域制が詳細化され、義務化されるとともに、建築基準法（昭和25年法律201号）による容積率の規制も適用された。そして、都市計画決定権限が地方公共団体に部分的に移譲され、都市計画事業は原則として市町村が都道府県知事の許可を受けて施行することになった。加えて、限定的ではあるが、住民参加手続も法制度化された。しかしながら、市街化区域内では、1,000㎡未満の開発行為は許可不要

---

3)　武本俊彦「土地所有権の絶対性から土地利用優先の原則への転換——農地制度と都市計画制度の史的展開を通じた考察——」土地と農業44号（2014）48頁。
4)　松尾弘「土地所有権のパラドクス——「絶対性」と「公共性」は両立可能か——」土地総合研究14巻1号（2006）1頁参照。

とされたことから、小規模な開発や建築行為を助長する結果となった。また、開発行為と併せて、良好な都市基盤施設を整備することやその財政的手当がなかったことも、都市環境を悪化させることになったと考えられる。

このような都市計画法・建築基準法の体制は、土地に対する旺盛な需要を誘導することにより、主として民間ディベロパーが主体となって開発を促進する（その限りで財政出動を可能な限り抑える）という、市場原理主義的な政策を背景としたものであった[5]。したがって、それは潜在的に土地を商品化して投資ないし投機の対象とする契機を含むものであり、土地はこれを取得して所有し、値上りを待ってこれを売却することによって得られるキャピタル・ゲインを生む資産となった。加えて土地所有者は周辺のインフラ整備等の公共投資によって増大する資産価値をも獲得し、開発利益の社会還元の仕組みは未成熟であった。このようにして出来上がった、土地を唯一の担保として企業等に融資を行うという意味で「土地本位制」ともいうべきシステム[6]は、土地が所在する都市に企業および労働者が集中し、土地需要が継続し、土地の資産価値が安定的・継続的に増大してゆくこと（いわゆる土地神話）を暗黙の前提とする仕組みであった。

実際、日本の土地は継続的に値上がりし、1960年代初頭には急激な都市化と需給の不均衡、新産業都市・工業整備特別地域等の地域開発計画により、1970年代初頭には日本列島改造論と金融機関の過剰流動性により、1980年代後半には規制緩和・民活型開発による首都東京改造計画等とも相俟って、それぞれ地価が高騰した。こうして土地本位制を基軸とする日本型土地システムが形成された[7]。これに対し、土地基本法（平成元年法律84号）は、土地についての公共の福祉優先（2条）、適正な計画に従った土地利用（3条）、投機的取引の抑制（4条）、土地の価値の増加に伴う利益に応じた負担の実現（5条）を打ち出した。もっとも、土地基本法も、地価対策

---

[5] なお、都市再開発法（昭和44年法律38号）が制定され、都市計画法とともに施行された（昭和44年6月14日）。市街地再開発事業を施行しようとする者は、都道府県知事の認可を要する一方、国・地方公共団体からの補助を受けた。

[6] 「土地本位制」ともいうべき特色をもつ、日本型の土地システムの内容に関しては、小森治夫「現代日本の土地問題と土地政策（上）：『日本型土地システム』の検討を中心に」財政学研究16号（1991）75-88頁、特に85頁参照。

[7] 小森・前掲（注6）78頁、86頁。

としては、地価高騰の原因を需給不均衡に求めて投機的取引を抑制するという、従来の政策枠組みを承継している[8]。

しかしながら、土地本位制を基軸とするシステムは、その暗黙の前提であった土地に対する需要および資産価値が落ちないことへの信仰（土地神話）が崩れるならば、にわかに崩壊する危険性を、当初から潜在的にもつものであった。すなわち、土地本位制不動産システムは、土地需要が減少すれば、ディベロパー等による開発行為は収益性のより高い地域に一層集中する一方で、利用されない地域・土地、マンションや住宅等、その後の空地・空家問題の発生可能性を最初から包含する不動産法制であったともいえる。

空地・空家問題が深刻化し、さらにそれに続いて所有者不明土地問題が顕在化するようになってからの不動産政策も、現時点では基本的に市場原理主義を維持しつつ、需給調整策を主要ツールにして、法制度化（法改正を含む）が行われている。例えば、広がり過ぎたまちを縮減し、新築を減らして既存住宅の市場を拡充しつつ、コンパクトシティに再編成するために、中心市街地活性化法（平成10年法律92号）を改正し（平成18年法律54号）、都市再生特別措置法（平成14年法律22号）の改正（平成26年法律39号）により、立地適正化計画の仕組みが導入された。これは、住宅と都市機能施設の立地を誘導することにより、都市のスポンジ化に対処し、行政効率の高いコンパクトなまちづくりを目指すもので、都市計画マスタープランを補足するものとして位置づけられている[9]。この立地適正化計画よれば、住宅を集める居住誘導区域と、商業施設、医療施設、福祉施設等を集める都市機能誘導区域が設定される。そして、居住誘導区域外では、3戸以上の住宅開発には届出を必要とすることによって開発を抑制すること等の規制が設けられている。もっとも、計画どおりにコミュニティを人為的に創出することが可能か、住み慣れた場所で生涯を送りたいと考える者の意向をどう評価すべきか、既存のコミュニティの解体に拍車をかけることにならないか等、なおも課題が残されている[10]。

---

8) 小森・前掲（注2）38-39頁。
9) 米山秀隆「まちの再生と連動させた空き家対策を」三田評論1216号（2017）28頁。

さらに、所有者不明土地の利用・管理のために、①収用手続の合理化・円滑化、そのための所有者探索の合理化、②地域福利増進事業のための利用権（上限10年）の設定を都道府県知事の裁定によって認める特別手続、③長期相続登記未了土地の相続人に対する登記手続の勧告、④不在者財産管理人・相続財産管理人の選任申立権を所有者不明土地の適切な管理のために必要な場合に地方公共団体の長等に認めること等を含む特別措置法案が国会に提出された[11]。なお、共有者不明農地の利活用のために、①共有持分の過半を有する者の同意で足りるものとされている賃借権等の存続期間を5年から20年に延長すること、②共有持分の2分の1以上を有する者を確知できない場合でも、市町村長が農用地利用集積計画を定める場合において、農業委員会に探索を要請しても確知できなかったときは、農用地利用集積計画によって農地中間管理機構が賃借権の設定を受ける旨等を公示し、所定期間内に異議がなければ、当該不確知共有者は農用地利用集積計画について同意したものとみなすこと、③遊休農地について都道府県知事の裁定により農地中間管理機構に設定される農地中間管理権等の存続期間を5年から20年に延長すること等を含む農業経営基盤強化促進法等の一部を改正する法律案も国会に提出された[12]。これらの法改正案は、所有者不明土地の利活用、管理、発生防止に向けた方策として、積極的に評価されるべきものである。もっとも、これらの方策は前述した不動産問題[13]のうちの所有者不明土地に対し、部分的に対処するものである。

以上に概観したように、極めて多様な対策が施されてきたにもかかわらず、アンバランスな開発にはますます拍車がかかり、利便性の高い鉄道駅周辺には高層マンション群が林立し、通勤・通学・帰宅時間帯には利用者がホームに溢れて転落事故も頻発する事態が起きている。開発利益の社会

---

10) なお、地域における良好な環境や地域の価値を維持・向上させるための、住民・事業主・地権者等による主体的取組み（国土交通省）としてのエリアマネジメントが、NPO法人等をコーディネーターとして実施されている。米山・前掲（注9）29-31頁参照。
11) 所有者不明土地の利用の円滑化等に関する特別措置法案（平成30年3月9日、第196回国会に内閣から提出）。
12) 農業経営基盤強化促進法等の一部を改正する法律案（平成30年3月6日、第196回国会に内閣から提出、4月5日衆議院可決）。
13) 本節2冒頭参照。

還元の制度は進んでおらず、超過密と超過疎の並存、都市と地方の格差、耕作放棄地・空地・空家の増加、土地所有権放棄等の問題は、解決に向かっているというよりは、深刻化しているように見受けられる。こうして続く国土開発の痛々しさには、目に余るものがある。

3　不動産問題の原点

　このように不動産問題に対処すべく、都市計画法・建築基準法、土地再生特別措置法等に至るまで、様々な法制度の対応が図られてきたものの、それらはなお発展途上にあり、不動産問題は解決の兆しがみえない。土地基本法は、前述のように、土地についての公共の福祉優先と適正な計画に従った土地利用を謳ったものの、公共の福祉を具体化し、土地所有権の絶対性と公共性を調和させるための手段、とりわけそれを推進する主体が見出されていないか、あるいは成熟していない点に大きな問題があるように思われる。筆者は、土地基本法が明示的に再認識した土地の所有に先立つ適正な利用計画は、その土地のことを最も良く知っている地域コミュニティが主体となって策定し、実現する仕組みへの土地システムの進化が必要であると考えている[14]。それが日本で定着しなかった理由は、①1つには明治期に土地の私的所有権の制度を導入するためにフランス、ドイツ、イギリス等の西欧諸国の法を継受した際の母法の理解の仕方に、②もう1つには明治期以前に形成されていた既存の制度との連続性への配慮の仕方に、それぞれ問題があった点に見出されるように思われる。とりわけ、①に関しては、目的物を自由に利用し、処分できる権利としての所有権が土地についても妥当するかのように純化して継受されたことによってもたらされた土地の商品化が、②に関しては、明治期以前の土地の利用・処分に対して重要な役割を果たしてきた地域コミュニティの役割の軽視が、後々

---

14)　武本・前掲（注3）61頁は、「人口減少社会でデフレ経済からの脱却がどうなるか不確かな状況では、大規模効率化路線よりも地域分散・ネットワーク型システムこそが適合的であり、併せて土地所有権の絶対性から土地利用優先の原則へ転換していくべき時期に至っている」とする。この地域分散・ネットワーク型システムの有力な担い手の1つとして、筆者はとりわけ伝統的な地域コミュニティの機能に着目する。

大きなインパクトを与えることになった。

　すなわち、明治政府は、大政奉還（慶應3年）、版籍奉還（明治2年）によっていったん天皇に返上された土地につき、間もなく国民の私有を認める方向に進んでいった。明治4年9月に土地耕作制限を解除し、同年12月の太政官布告により、東京府下で土地の所持者の確定と一般地券の発行を開始し[15]、明治5年から本格的な地券の発行準備にとりかかった。そのために、田畑永代売買の禁止を解き、以後は「四民」誰もが地所を「売買」し「所持」できるものとした[16]。そして、「地所売買譲渡ニ付地券渡方規則」（明治5年2月24日大蔵省25号）により、郡村地にも地券の発行を開始し、「地租改正条例」（明治6年7月28日太政官布告272号）により、全国的な土地調査に基づく地券発行と金納地租体制の確立を図った[17]。地券の発行を受けた者が認められた権利がどのような性質のものであったかについては、(a)土地から生じる「収穫利益ヲ売買使用スルノ権」であり、日本の土地は官に属するという理解が政府指導層・官僚の中にも根強くあった一方で、(b)土地に対して「自私ノ権利」を得たことの公証であり、私的所有権を政府が認定したものであるとの理解が提示された[18]。当初、地券面には「地券ハ地所持主タル確証」と記されていたが、明治7年10月3日の太政官布告104号は「地券申受ケサレハ…其地所所有ノ権無之候」とし、明治8年の改正地券は土地を「所有スルノ権利」をもつ者に発行されたものであるとしたが、「所有権」の語は明治13年土地売買譲渡規則、明治14年登記法（旧登記法）に現れている[19]。その後、明治22年の大日本国帝国憲法、明治23年の民法（旧民法）、明治28年の民法（現行民法）を経て、西欧諸国の「所有権」概念が継受され、地券発行を受けた者が認められた権利は土地の「所有権」であるとの理解が普及・定着していった[20]。

　その一方で、地券発行以前に土地に付されていた様々な利用制限や譲渡

---

15) 明治4年12月27日太政官布告682号。松尾弘「不動産譲渡法の形成過程における固有法と継受法の混交（1）」横浜国際経済法学3巻1号（1994）10頁。
16) 明治5年2月15日太政官布告50号。
17) 松尾・前掲（注15）11-13頁参照。
18) 丹羽邦男『土地問題の起源——村と自然と明治維新』（平凡社、1989）15-28頁。
19) 松尾・前掲（注15）11-14頁。

制限に関する法令・慣習[21]は、村（地域コミュニティ）が所有または収益の権利をもつと認められた土地以外については、承継されることなく廃棄された。ここに日本の土地法制度上の大きな断絶面が生じることになった。それはまた土地に対する地域コミュニティの機能を縮減し、ひいては地域コミュニティ自体の衰退への引き金となるものでもあった。

　土地所有権に基づき、土地取引が自由かつ容易になると、土地の投機的取引、地主や会社への土地集中が進む一方で、土地の投機的取引も進行し、土地価格は上昇し続けた。会社や個人事業者は、土地を担保に金融機関から融資を受け、事業資金を調達した。こうして土地担保金融が企業の資金調達手段になると（いわゆる「土地本位制」）[22]、土地は高額な交換価値をもつ資産として商品化することになる。と同時に、土地の利用に関しても、法令の制限（民法206条）がなければ所有権に基づく利用は自由であるとの理解（いわゆる「所有権の絶対性」）[23]が普及・定着し、その上で、その後になって、前述した東京市区改正条例（明治21年）等に始まる土地利用規制が行われるようになったために、所有権自由の原則は土地に関しても妥当し、規制がないところではどのように利用するのも処分するのも所有者の意のままであるという理解が定着していったと思われる。

　もっとも、所有権の自由に関していえば、特に土地に関しては、①日本が民法、登記法、その他の土地関連法を継受したフランス、ドイツ、イギリス等の母法国では、土地の所有・利用はけっしてフリーハンドの自由ではなく、コミュニティ等による様々な利用規制が付されていたにもかかわらず[24]、このような土地所有権に対する制約部分が削ぎ落とされて、土地

---

20) なお、明治6年の太政官布告114号の地所名称区別における公有地・私有地の曖昧さに対し、「地所名称区別」（明治7年11月7日太政官布告120号）が土地を「官有地」と「民有地」（第1種〜第3種）に区分し、「公有地官民有区分」（同日付太政官達143号）がこの二元体系を徹底し、最終的に「国有土地森林原野下戻法」（明治32年法律99号）に従った明治33年6月30日の期限までの下戻しにより、法形式上は、官民の所有権が確定した。
21) 石井紫郎『権力と土地所有』（創文社、1966）1-231頁参照。
22) 前掲注6および該当本文参照。
23) 前掲注4および該当本文参照。
24) 小森・前掲（注2）43-47頁参照。

所有権がより純化されたものとして継受され、立法化され、施行されることになった。一般にある法制度が継受される際には、母法国よりも多かれ少なかれ「純化」されて導入されるということが起こりがちである[25]。加えて、②地券制度導入以前の日本の土地法自体も、土地の所持および利用は、地域コミュニティをはじめとする様々な共同体的制約に服するものであったことを看過すべきではない。このような観点から見ると、日本における近代的私的土地所有権の導入による土地法制度の変更に際しては、二重の意味で問題があったといえそうである。

以上のようにして純化され、自由であることが強調されて日本に導入された土地所有権は、市場で取り引きされうる商品となり、土地の価格水準が上がって資産価値が高まり、企業にとっては価格の下がることのない安定した資産として、土地を担保とした金融が発達した。金融機関は土地の値上がりを期待して土地を担保とする融資を拡大し、こうしたいわゆる土地本位制による資金提供は、1950年代末からの高度成長に象徴される急速な経済成長を可能にした条件の1つとなった。

しかし、そのことはとりも直さず、人口が減少に転じ、経済活動の縮小が長期にわたって継続し、土地に対する需要が減り、オフィス需要等も減少して土地の収益価値も下落して、土地価格が下がると、土地の資産価値が維持されることを前提として機能してきた日本的な土地本位制のシステムは崩壊することを意味する。その結果生じる空地・空家問題、それが長期化することによって顕在化する所有者不明土地問題や所有権放棄の要望等の不動産問題は、その原点を辿るならば、明治維新の初期に、土地の利用規制を削ぎ落として純化された所有権の自由と、それを前提として取引市場が形成され、土地が投機対象となり、土地利用規制が制度的に整う前に土地の取得と濫開発が横行するようになった一方で、地域コミュニティによる土地管理の権限と機能が削り取られ、持続的に利用可能とは言い難い狭小かつ変則的な土地や建物が生み出されてきたことに見出されるよう

---

25) 筆者は、これを「法継受の純化現象」呼ぶ。それが一般法理の形成という形で法理論の進展をもたらすこともある。松尾弘「シビル・ローとコモン・ローの混交から融合へ——法改革のためのグローバル・モデルは成立可能か——(2)」慶應法学20号(2011)153-154頁。

に思われる。

　土地を適正に利用するための法制度は、つねにこのような開発行為を後追いしてきたために、ついに実効的な土地利用規制ができないままであった。このことが、土地所有権の絶対性ないし自由と公共性ないし公共の福祉とが本来達成すべき調和の模索を困難にし、土地問題が生じる度に発出された様々な土地政策とそれを実現するはずの土地関連立法が奏功しなかった理由ではなかろうか[26]。

4　将来の不動産政策と法制度の展望

　以上に概観したような不動産問題の原点を踏まえ、今後の不動産政策は、現行の土地法システムの形成期において十分に考慮されなかった地域コミュニティによる土地利用計画の策定機能を強化することを基軸とし、そのために必要な法制度改革を具体的に検討してゆく方向に進むべきであると考えられる。こうした視点から、日本の不動産（開発）政策の策定と法制度改革を少しずつ進めることにより、明治維新の土地法制度改革以来の土地利用ヴィジョンが見失っていた連続面が、再び見出されるのではなかろうか。それはけっして懐古趣味に耽溺するものではない。あらゆる制度変化は、既存の制度を足場にして漸次的に進行するものであり、非効率な制度も既存の足場から出発し、利用できるものは利用しながら、より効率的なものへと変更してゆくほかない。

　こうした不動産問題の原点は、明治の近代化の時期に、すでに先人によって意識されていたことに、注意を喚起する必要がある。例えば、志賀重昂『日本風景論』（明治27［1894］年）は、以下のように述べていた。

　「この江山の洵美なる、生殖の多種なる、これ日本人の審美心を過去、現在、未来に涵養する原力たり。この原力にして残賊せられんか、日本未来

---

26)　ある土地上に予想もしない開発計画が持ち上がって近隣の地域住民がびっくりし、にわかに反対運動を起こす。これに対し、土地所有者やディベロパー「財産権の保障」（憲法29条）を盾に反論を封じるというようなコンテクストでの使い方が、本来の財産権の保障条項の使い方なのか、制度変更の方法および外国法継受の方法の双方に関する開発法学の観点からは、再考の余地がある。

の人文啓発を残賊すると同一般、しかも近年来人情醨薄、ひたすら目前の小利小功に汲々とし、ついに遥遠の大事宏図を遺却し、あるいは森林を濫伐し、あるいは『名木』、『神木』を斬り、あるいは花竹を薪となし、あるいは古城断礎を毀ち、あるいは『道祖神』の石碣を橋梁に用い、あるいは湖水を涸乾し、…（維新後、松島の松樹を伐りて木材となし、東京忍ヶ岡の桜樹を斬りて印材となし、…『文明開化の世に無用の長物なり』とて東京増上寺に放火せし者の類は、近年来、少しく改悛したりといえども）、もって日本の風景を残賊する、そこばくぞ、かつや名所旧跡の破壊は歴史観念の連合を破壊し、国を挙げて赤裸々たらしめんとす[27]。」

　ここに嘆かれていた危惧は、その後夥しい事案において、現実のものとなっている。私たちの身近な所にも、例えば、中世以来の伝統ある神社や寺院の境内の敷地の中を、道路や鉄道が貫通するような例が、珍しくもなく目に入ってくる。公共の福祉の実現、公共の負担の軽減等の「正当性」を主張して遂行されたこのような開発は、果たして本当に「正しい」開発だったのだろうか。今、改めて、地域コミュニティのレベルからの土地利用計画の策定と実現を可能にしてゆくという観点に立ち返って検証し、自問自答してみる余地がある[28]。

　それぞれの地域コミュニティの歴史と現状を踏まえ、その意思としてどのような発展を望むか、その将来ヴィジョンの実現を目標にして、その地域の土地利用計画を立ててゆくことが肝要である。もちろん、日本全国すべての場所に地域コミュニティが現存するわけではないし、過疎が進んで地域コミュニティが崩壊・消滅してしまった場所や、そもそも人工的につくられた都市では最初から地域コミュニティが存在しない場所もある。しかし、少なくとも、たとえ弱体化しながらも現在まだ存在する地域コミュニティについては、それが望むのであれば、その土地利用計画策定・実施機能を強化する形で、法制度改革を進める余地がある。都市においても自

---

27)　志賀重昂『日本風景論（新装版）』（講談社、2014）237頁。
28)　そのためにはまず地域コミュニティへの法人格の付与が重要である。それに関連して、市町村長による認可地縁団体（区域内に住所をもつ相当数の個人が現に構成員となっていることを要件としている。地方自治法260条の2・2項3号）の認可手続が適切か、検討の余地がある。

治会等が地域コミュニティとして新たに成長する余地もある。また、人と予算の制約から、策定された土地利用計画がすぐに実現するとは限らない。しかし、時間と費用がかかっても、目標としてのヴィジョンとその実現手段としての計画が明確なものであれば、地域コミュニティの構成員はより良い開発への意欲と実行力を失うことはないであろう。

　このように不動産（開発）政策とそれを実現するための法制度を用いた制度変更の原点に立ち返り、今後の方向性を展望する中で、残されている懸案、例えば、土地所有権の放棄を認めるための実体要件と手続[29]、開発利益の社会還元の仕組み[30]、空地・空家の管理、災害の予防と対策、その他の問題を逐次再検討してゆくことが、必要かつ有益であると考えられる。

29）　それを検討する際には、現在の土地システムの成立過程で、大政奉還・版籍奉還によって天皇ないし国家に返上された土地に対し、私人の土地所有権がどのようにして認められるようになったか、その経緯を再確認する必要がある。
30）　小森・前掲（注2）40頁は、開発権の社会化のためには、「土地所有権は私人に属しているとしても、土地利用権自体はコミュニティに帰属するというコンセンサスが肝要」とする。その上で、開発利益の社会還元に関しては、受益者および受益の内容に応じた還元方法を提示する。

2-12

不動産テックが及ぼす
不動産業界への影響

東京大学大学院経済学研究科教授
柳川 範之

1 はじめに

　不動産テックなるものが世の中をどう変えるかに関しては、色々な論点があると思われる。また、今日、明日、1年後といった短い話から、5年後、10年後の話まで、かなり話の内容が変わってくると考える。本稿での私の役割を考えると、今すぐビジネスにどのような影響があるのか、あるいはフィンテックがビジネスをどのように変えていくのかに関しては、様々な場面で話があると思われるため、もう少し大きな話として、不動産、不動産仲介業がどのように変わっていくのか、世の中をどのように変えていくのかを中心に論じることにしたい。

　すでに様々な場で色々な議論がされているので、フィンテックという言葉を知らない人は、おそらくいないくらいの状況になっていると思われる。ただ、これが何を変えるのかとなると、少し意見が分かれる、あるいはよく分からないという人も出てくるかと思う。まず考えないといけないことは、とにかく、スピードが速いということである。フィンテック業界を見ている方はよくご存じだと思うが、かなりのスピード感で変わってきており、メガバンクもかなりの危機感を持っている。このスピード感にいかに追いついていくかが、大きなポイントになるだろう。

　もう一つが、デジタル化への対応である。AI、IoTなど、色々なことが

叫ばれているが、とりあえず考えるべきは、デジタル化であろう。大部分の会社が変える必要があるのは、実はAIとは直接関係がなく、ほとんどの話がデジタル化である。実は色々なものがデジタル化されないがゆえに、非効率性が発生しており、この先AIが発展していったときに非常に不利になるだろう、ということが多々ある。ずっと以前から言われている話であるが、色々なデータ、書類、文書をいかにデジタル化するかが、これからのフィンテック、AIの時代における大きな鍵ではないかと考える。

2 テクノロジーが不動産業に与える影響

(1) 不動産仲介業に与える影響について

　テクノロジーは不動産業にどのような影響があるのか。不動産取引、取引の仲介事業が大きく変わっていくだろうと思う。後に、不動産金融、不動産開発関連の話をするが、まずは仲介という点に焦点を絞ってみたい。そもそも不動産に限らず、仲介業は技術の発達により大きく変わるだろうと言われている。金融仲介業も流通業もそうである。したがって、仲介業に携わる方は、大きな注意をする必要があるだろう。特に、不動産においては、今まで仲介事業の役割が非常に大きかったと思われるので、このインパクトが現実のものとして大きくなってくるだろう。極端に言えば、仲介事業がなくてもよいのではないか、なくなっていくようなテクノロジーの進化になるという主張もある。私は、そこまでの技術革新はないだろうと考えている。何らかの形で、仲介事業者、仲介事業会社が必要だろうと思うが、今とは大きく変わることは避けられないだろうと考える。

　一つは、様々な形で、不動産に関する公開情報が拡大していくということである。様々なデータを様々な形で色々な人が蓄積していくという点をテクノロジーが大きく変えていくため、仲介事業を大きく変えていくことになる。もう一つは、いわゆるマーケットプレイス型仲介が拡大をしていくだろうと言われている。これが単純仲介とどのように違うのかについては、Airbnbのような形であれば、基本的にはwebサイトがマーケットプレイスを提供しており、その上で当事者が自由に契約をすることになり、単

なるマッチングの情報を提供しているだけという形になる。このような仲介事業が可能になるのは、やはりある種のテクノロジーが発達したからで、そのテクノロジーの上に乗っている様々な情報が相互に流れることによる。これが進むと、そもそも仲介事業者も不要になる可能性があるし、仲介サイトはあるがほとんど技術的な処理で終わっている状態になることも考えられる。あるいは、ブロックチェーンやスマートコントラクトであれば、技術的に仲介事業は代替されてしまうのではないかとも言われている。

　その一方で、これからのビジネスを考えていくと、なくなってしまうからやめてしまおうということではなく、これからの技術革新によって、より高度にできることを、いかに上手く広げていくかが重要になる。より詳細な情報把握と情報分析が可能になり、より適切な不動産評価が可能になることや、より良い取引相手を見つけることができる、より良いマッチングを行うことができるようになることで、高度な仲介事業が可能になる面があるだろうと考える。この高度な仲介事業を可能にしていくという点が、テクノロジーを利用する上での大きなポイントとなるのではないかと思う。そのとき、情報の把握と分析がかなり大きなポイントになるため、適切に技術を使い、高度に取り組むことが課題であろう。

　もう少し先に進んでみたい。仲介事業のそれぞれの業務のアンバンドル化が進んでいくのではないかと言われている。フィンテックについては、明らかに金融仲介業が進むと言われている方向が2つあり、一つはアンバンドル化、もう一つは、ダウンサイジングである。より規模を小さくしていき、それぞれの事業に分化していくということである。アンバンドル化とは、かなりその業務に深く掘り下げていく、今まで広くやってきたことを、一部のみ掘り下げていくということである。購買側、販売側の両方の代理に関わる中で、購買側に様々な情報を提供し助けること、販売側を助けること、不動産業全体のコンサルティングをすること。これら3つが純化していくことが一つの方向性として考えられる。そのとき重要になるのは、情報の把握、情報の記録、情報の分析である。情報の把握の部分は、やはりIoTが今までと違う情報の把握を可能にするだろう。

　これは、不動産仲介だけではなく、不動産の開発、あるいは金融取引に

おいてもかなり重要な部分を占めると考える。ブロックチェーンが今までとは違う形の記録をもたらすので、高度な情報の記録ができるようになる。ただし、ブロックチェーンは使った方が良い分野、使わない方が良い分野に別れていることが分かってきているので、適切な形でブロックチェーンを使う必要がある。

　情報分析については、AIを使ってビッグデータを解析するわけであるが、かなり力を発揮すると思う。人工知能が機能するためにはデータがたくさん必要で、データの蓄積によって賢くなっていく。これが直線的な伸びを示さず、一定まで増えると十分に賢くなるという性質があるので、そこまで使えるデータをいかに溜めるかが重要になる。

　情報解析には、色々な分野が出てくると思うが、重要なことは、単に解析をして分析をするだけではビジネスには役に立たないということである。そのデータを使ってどのような新しいサービス、技術、製品が生み出されるかが重要である。様々なビッグデータの話で共通しているが、「これだけのビッグデータがあるが何かできないか」「ビッグデータを集めることが大事」というだけでは不十分である。ビッグデータは、データを集めただけではごみの山である。データをどのように活用するかという出口が分かっていてこそ、初めて価値が出てくる。単にプログラマーやエンジニアに何か解析してもらうだけでは無意味で、何に使うのか、どんなサービスをしたいのか、ということが先に来ることが重要である。

　履歴を追った時系列的なデータ分析はかなり詳細に可能になっているので、これを活用することが重要になってくる。プライバシーの問題などあるので、どこまでデータを使うのかは課題であるが、取引者ごと、不動産の場所ごとのデータ収集がより詳細に可能になっており、それによって、より望ましいマッチングが可能になるはずである。それをどのようなビジネスモデルでやるのか、どのように価値を見出すのかを考えなくてはならない。自前でAI技術者やプログラマーを雇用すること自体ではなく、専門の会社が提供するサービスを使いこなすことが重要となる。おそらく、大半の会社では、その便利なサービスを買って使う方が効率的で、ビジネスに役立つと思う。人工知能を使うアプリなどはすでに提供されているので、

2-12　不動産テックが及ぼす不動産業界への影響

それをいかに会社で使うかが大事で、ユーザーフレンドリーになった時点でそれを使うという姿勢が必要である。

ブロックチェーンについては、応用する側から考えると、どのような特徴があるのかが問題となる。一つは、改ざんされない記録が残せる、正確には、改ざんされにくい記録を残せるという点である。もう一つは、皆がそれを確認することができるという点にあると言える。この2つの特性を使った方が良いビジネスには、ブロックチェーンに価値があり、この2つの特性があまり重要でない分野には、あまり使わない方が良いことになる。分散処理されていること、暗号技術が使われていることは、これら2点を実現させる上で大きな要素ではあるが、どのような技術によってより確実に実現できるかではなく、これらの点が低コストで確実に行われるようになると、どのように世界が変わるかに注目していただきたい。よく言われている話だが、不動産の登記の情報をブロックチェーンに載せておけば、改ざんされないし皆が見ることができるという点で良いだろうと思う。ところが、証券取引などの話は、全部皆に見えてしまうと都合が悪いので、一部の人だけに見えるようにする、しかし、一部の人だけに見えるようにしてもあまり意味のない情報があるとすれば、それはブロックチェーンに載せない方が良いということになる。

これまでの話が仲介業の変化であるが、不動産証券化、ファンドを創設するといったことになると、フィンテックが伸びてきているので、不動産関連の金融ビジネスも大きな可能性があるのだろうと思う。フィンテックは、色々な産業を巻き込んでいることが特徴で、金融ビジネスの多様化・発展ということがあるが、フィンテック・金融ビジネスの範囲が広がってきていて、金融とほかの産業との垣根がどんどんなくなっていく点に、フィンテックの一つの大きな特徴があるのだろうと思う。不動産と金融ビジネスとの関連は、証券化のところで流れが作れると思うが、もっと様々な観点で拡大していくことになり、そこにビジネスチャンスが出てくることになるだろう。

金融サイドの話、不動産側の話があるが、不動産側については、証券の価値は、不動産価値の変化、より正確には、不動産の価値に関する情報の変化によって大きく左右される。そのリスクの場合に応じて、不動産を証

券化している。不動産の価値情報は、技術革新によってその内容を大きく変容させている。つまり、証券の元になる不動産の価値に関する情報の出方が変わってくると、そもそも証券の評価、証券のリスク構造が大きく変わってくることになる。このことは、不動産証券の取引を行うトレーダーにも関わってくるが、証券化の組成の仕方も大きく変わってくるのだろう。今までと異なる証券、金融商品が出てくる可能性も高くなるのだろう。まだ色々なアイディアが考えられている段階であるが、ここに大きなチャンスがあると思っており、色々な金融商品・サービスが出てくる中で、さらに発展する形として、新しいサービス、新しい組成の仕方に対してどのようにテクノロジーを使うかという点に大きなチャンスがあると思う。

(2) 不動産開発に与える影響について

これまでの話は仲介と金融についてであるが、技術革新により不動産そのもの、不動産開発が大きく変わっていくのだろうと思う。不動産仲介ビジネスにとっては、扱っている商品そのものが変わってしまう、あるいは金融の分野で言えば、その組成そのものが変わっていくとすれば、その変化の方向性は非常に重要ということになる。今すぐにオフィスビルがなくなるという話ではないが、これからビルやマンション、オフィスの役割が変化していくと考えられるので、商品・サービスの在り方に関して論じたい。

例えば、オフィスビルはどこまで、いつまで必要なのか、という議論がされている。働き方改革や、働く場所・空間の在り方が変わってきていることに関連するが、オフィスビルは、大量の人が集まり、同じスペースで仕事をするということが前提となって初めて成り立っているビジネスである。もし、ほとんどの人がリモートワーク、在宅ワークとなって、集まるとしても週に一度、1カ月に一度などとなると、オフィスビルは今のような形ではなくなる。1階のこのフロアはある会社が借りる、ということではなくなる。おそらくミーティングスペースは必要であるが、全部が貸会議室のようになっていて、「ある会社のミーティングは月曜日の1時間だけ」というような話になるとすれば、貸会議室の集まりのようなビルで十分になる

ことだろう。あるいは、もう少し企業間の連携が必要だとすると、色々なスタートアップの人が机を並べて話ができ、そこでインタラクションがあるというスペースが増えているが、こうしたスペースの集まりとしてのオフィスビルとなっていくかもしれない。これは少し遠い将来の話であるが、もう少し手前のところでは、ビルやマンション、オフィスが提供する役割が大きく変化するだろうと思う。ビルは、巨大な情報伝達システムとなり、色々なところにセンサーがつくIoTになってくると、そもそもオフィス空間の中で何が起こっているのかを伝達できるようになる。今でも、エレベーターの中では、どこが混んでいるのかをエレベーター自体が伝達する仕組みになってきているが、これよりも高度なこと、例えば、どこで人が集中しているのか、どこで問題が発生しているのかを伝えることで、オフィスの「健康管理」ができるようになる。その情報を使って、オフィス内での適切なサービスの提供、どのようなビル・オフィスを建てるのか、どのようなまちづくりをするのか、といったことに情報を役立てることができる。そうなってくると、その情報を把握しているかどうかが、オフィスの提供、まちづくりのポイントとなっていく。IoTの進展は、ビルや都市の概念を大きく変え高度化させると思う。まだリアリティはないものの、実際に動き出すと大きな変化となるに違いない。

　製造業は、IoTの発展によって、モノを作って終わりではなく、モノを作って売るのがスタートで、そこからIoTを通じて様々なサービスを提供していくことになると言われている。不動産業においても、同様のことが起きている。不動産業は、ビルを売っておしまい、建てておしまいではなく、IoTによって得られるリアルタイムの情報をいかに活用するかが大事で、その情報を生かした高度なサービスの提供が、都市や不動産の品質を変えていくという意味で、都市や不動産そのものが情報技術により変容していくのだろうと思う。

　不動産は資産として売っておしまい、ビルであればテナントを獲得することが重要であったが、今後は、継続的にサービスを提供していくことが重要になっていく気がする。その際には、IoT、ブロックチェーン、スマートコントラクトの活用が、中長期的には重要になる。IoTで出てきた情報を

ブロックチェーンで記録する、その記録をもとにスマートコントラクト、つまり機械的に契約を処理実行することで、人が関与せずに一定程度進行していく。こうした技術革新が不動産の場をずいぶん変えていくのだろうと思う。環境変化に合わせて、いかにサービス内容を変えていけるかが重要で、その中でのテクノロジーの使い方は重要だろう。

3 最後に――マクロな視点から考える不動産テックの影響

　もう少しマクロ的な視点に広げると、今大きな問題になっているのは、世界全体のパワーバランスが大きく変化してきていて、中国の発展など、世界全体が大きく変わりつつあることである。そこで大事なことは、ヒト・モノ・カネが簡単に国外・地域外に逃げていく時代であるので、国際的な都市間競争が急速に拡大していくということだ。都市間競争の波が広がっていくことになり、東京も無縁ではなく、その相手は上海、香港、シンガポールなどかもしれない。

　都市の中でいかに良い不動産を形成していくか、都市のクオリティが、その国の経済成長を左右することになる。優れた都市でなければ、ヒト・モノ・カネが瞬時に逃げていってしまうとすると、都市、国全体の生産性が落ちてしまう。不動産業は、国全体の大きな基盤であって、経済成長を大きく左右するビジネスである。

　政府全体としては、そのような観点で不動産業に対する様々な支援があって良いし、重要視していかなければならない。特に日本は、多くの人を引き付ける魅力的な都市が必要で、その素地はあるのだろうと思う。これだけ安全で清潔な都市は世界でも珍しいとすると、人を引き付けるサービスを都市がいかに提供するかは、マクロ経済的にも重要なことだと考える。ところが、残念ながら、外国人からすると、シンガポールの方が住みやすい、税金が安い、子供の教育などの話があるとすると、多くの人を引き付ける魅力的な都市となるためには、狭い意味での不動産ではなくて、総合的な都市の力をつけるような政策とビジネスの組み合わせが重要になって

くるだろう。

　都市は経済成長の重要なインフラである。昔は都市に工場・会社が集まっていることが重要で、工業地帯となりビジネスが発展していくという時代であった。今は、成長のエンジンは工場ではなく、いかに人が集まってくれるかが重要である。住みやすい住空間があることが、イノベーションを促進させることになる。良い住空間があることで暮らす人が集まり、そこに暮らす人の集まりが、イノベーションを生み出すという構造になっているので、いかに人を引き付けるかが重要となってくる。いかに住空間としてのサービスを提供していくかについては、テクノロジーがサポートできるので、経済成長にもたらす役割も大きいと思われる。

　IoTと都市間競争の拡大は重要な観点で、ビルは、生活に密着し、マンション、オフィスとして適切なサービスを提供していくことが重要となる。ここで話が戻っていくわけであるが、前半で言及したような不動産仲介、流通、金融的な役割も重要で、不動産仲介や証券化がテクノロジーによって高度化していくことで、空き家が減り、良い不動産が提供されるようになり、仲介業が高度化して良いマッチングができるようになれば、利用者の利便性や満足度の向上につながる。自分にとって良いマンションが見つかった、会社にとって良いオフィスが見つかったという経験は、良い住空間を満たすということにつながる。テクノロジーの活用が、日本経済にとって重要だと考える。

　また、今後は、可変的な構造を持った都市の構築が必要である。都市間競争をしていると人口の変動も激しく、人の出入りも激しくなるからである。たくさんの人が利用するときもあれば、利用が少ないときもある。例えば、オリンピックのときに多くの人が来るが、そのあと大きく減ってしまうということも、可変的な人口変動である。ピーク時に目一杯ホテルを建てて、後でそれ以外の用途に使えない、というのでは困るので、転用していく、収容人数を減らせるといった可変性を持つことが今後重要になってくる。テクノロジーが発達することで、可変的な構造を都市の中につくり上げていくことが重要となる。

　都市が大きく変わるためには、まずは取引や金融の高度化が期待される

ところであり、今後の不動産業関係者のビジネスに大きく期待するところである。

※本稿は、「不動産テックが及ぼす不動産業界への影響」(2017年12月)の講演会をもとに書き下ろしております。
　(株)青山綜合会計事務所、大和不動産鑑定(株)の関係者にご協力をいただきましたことを付記させていただきます。

2-13

土地神話と不動産市場分析[1]

日本大学スポーツ科学部教授、マサチューセッツ工科大学不動産研究センター研究員
清水 千弘

1 忘れられた「土地神話」

　1980年代半ばから1990年代初頭にかけて発生した不動産価格の高騰とその後の崩落は、20世紀最大のバブルと揶揄された。バブル崩壊に至るまでは、日本には「土地神話」という言葉があり、土地の価格は永遠に上がり続けると強く信じられてきた。土地価格は、一国の生産性を測定する一つの重要な指標であることから、新古典派の代表的な経済学者の一人であるJ.S.ミルは、「富める国の地価は上がり続ける」といった。つまり、当時のわが国では、日本の生産性は上がり続け、日本の永遠の繁栄を信じてやまなかったといっても良い。

　金子・大山・長谷川（1991）によれば、土地神話という言葉は、日本を代表する経済学者の一人である大河内一雄氏の「土地の値段」において、「高度経済成長期に土地の値段が鰻上りに高騰を続けていたころ」にマスコミによって造語されたといわれている。正確には、その出自は定かではないが、戦後の長い間、その言葉は広く認知されてきた。今から振り返れば、おおよそ高度経済成長期において生まれた言葉であり、高い経済成長が生まれるときには、土地価格は急激に上がりそれが下がる日がくるというこ

---

1) 本稿は、清水千弘（2016）、「不動産バブルは繰り返すのか？ ―不動産市場の過去・現在・未来―」を加筆修正したものである。

となど、想像すらできないような社会経済環境であったといっても良い[2]。

　この1980年代に発生した日本の不動産バブルの原因としては様々なことが指摘されたが、通説では、次のように論じられることが多かった。1982年に発足した中曽根内閣は、当時の課題であった内需を拡大する方法の一つとして、民間資本の活用による都市再開発を打ち出し、東京の環状七号線内の建物の容積率を見直して高層化を図るべきだという政策を打ち出した。その後、旧・国土庁は、国土庁大都市圏整備局監修『首都改造計画―多核型連合都市圏の構築に向けて―』首都圏整備協会（1985）において、「東京大都市圏においても、新しい地域構造を構築し、東京大都市圏が中枢的、国際的な機能を十分に発揮していくうえで、業務管理機能の適正な配置を図ることは極めて重要な課題である。この業務管理機能の規模を事務所床需要で見ると、事務用機器の導入、執務環境の向上ともあいまって、今後も高い需要が見込まれ、東京都区部においてだけでも昭和75年までに約5000ha（超高層ビル250棟に相当）の床需要が発生すると予測される」ということを公表した。

　加えて、プラザ合意による円高ドル安の急速な進行による景気後退に対応するために、景気対策として金利が引き下げられ、通貨発行量も大幅に増加される中で過剰流動性が生まれ、不動産市場に大量の資金が流入したことが原因であるといわれている。このような中で発生した不動産価格の上昇は、ファンダメンタルズでは説明できない部分、すなわちバブルの膨張によるものだったと認識されている[3]。

　また、土地価格の急騰は、土地に対する需要、つまり人口とも密接な関係を持つ。例えば、日本では持ち家の購入時期は、35-40歳に集中するが、その世代の世帯数が1980年から1985年にかけて集中し、戦後最大の住宅需要が発生したことも、バブルの一因であったことが指摘されている[4]。

　このような不動産バブルの生成と崩壊から30年が過ぎ、「土地神話」という言葉も死語になってしまっている。しかし、忘れられた「土地神話」

---

2) 金子宏・長谷川徳之輔（1991）『新しい地価対策と土地税制』東京教育情報センター。
3) 伊藤・野口（1992）「まえがき」より。
4) 井上・清水・中神（2009）、Shimizu and Watanabe（2010）を参照。

とそれにまつわるエピソードは、経済学として見たときの不動産政策に対する反省と、多くの教訓が含まれているといっても良いであろう。本稿では、不動産市場分析の枠組みを用いて、土地神話と不動産バブルの生成と崩壊、そしてその後の不動産価格の持続的な下落といったわが国の不動産市場のダイナミクスを説明し、不動産政策への示唆を整理する。

2　不動産市場のダイナミクス

　不動産市場のダイナミクスを説明しようとした先行研究に着目すれば、a）バブルの有無を確認するために不動産市場の効率性を検証することを目的とした研究、b）供給の弾力性に注目した研究、そしてc）需要変化に注目した研究に大別される。

　もし、住宅市場が効率的であるなら、その価格に市場の情報がすべて反映されるために、期待収益率は系列相関を持たない。このような性質を確かめるためには期待収益率を過去の収益率に回帰させ、その回帰係数がすべて0になるかどうかを調べることで検定することができる[5]。

　その意味で、1980年代の不動産バブルは、井上・清水・中神（2009）による首都圏のマンション市場を対象として市町村別に効率性テストを行った結果を見ると、首都圏の7割の市区において系列相関の存在は否定できず住宅市場が短期的には予測可能であること、また他方で、都心から離れた地域においては収益率に系列相関が存在しないことから住宅市場は効率的であること、といった2点が明らかにされている。加えて、長期的な効率性の検定を行ったところ長期的PVR（Present Value Relation）は成立している、ということを示した。この結果は、サンフランシスコ近郊の16市を

---

[5]　被説明変数の過去の情報を用いて分析する方法は弱度の効率性テスト、説明変数に被説明変数の過去の情報だけでなく市場参加者に公開されているそれ以外の情報も含まれるとき準強度の効率性テストと呼ばれる。詳細は、井上・清水・中神（2009）を参照されたい。また、米国の住宅市場の効率性を検証したものの代表的な先行研究としては、Case and Shiller（1989）またはAbraham and Hendershott（1992）が、日本を対象とした研究として井上・清水・中神（2009）があげられる。得られた結果を見ると、住宅価格指数を収益率について系列相関を持つことを実証的に示し、収益率の上昇はいつまでも続くわけではなく、時間の経過とともにファンダメンタルズに回帰していくという平均回帰的な動きを見せることを示した。

分析したMeese and Wallace（1994）と整合的であり、バブルではなかったということになる。

　しかし、大規模な不動産市場の変動があったことは確かであり、その変動によって経済システムが大きく混乱したことも事実である。

　1980年代の不動産価格の高騰の背景には、1985年の「プラザ合意」以降に円高が急速に進み、低金利の状態が長く続く中で不動産市場に大量の投資資金が流れたことがバブルの一因であったことが指摘されている（稲本・長谷川・周藤・清水（1995））。しかし、様々な理由で需要が増大したとしても、住宅供給が弾力的であれば、価格は大きく上昇することはない。中長期的には、もし需要が増大したとしても、市場が効率的に機能すれば住宅が供給されることで調整され、住宅価格は収束していくことになる。

　そのような中で、不動産市場のダイナミクスを説明しようとする研究が発達していった。供給のメカニズムを明示的に扱った研究として、Kearl（1979）、Poterba（1984）、DiPasquale and Wheaton（1994）によって提案されたフローモデル、またはストック・フローモデルが挙げられる。ストック・フローモデルでは、住宅市場の持つ資産としての側面とサービスとしての側面の2つの市場の同時決定できるモデルとして提案された。

　ここで、ストック・フローモデルを解説しておこう。不動産の価格も、一般的な財やサービスの価格と同じように、その物を買いたいと思う人たちの需要の大きさとそのものを市場で売りたいと思う人たちの供給の大きさによって決定される。しかし、不動産は資産としての性質も持つ[6]。そのような2つの性質を同時に説明するために、図表1で示されるようなモデルが構築された。

　モノの価格とは、需要と供給の大きさによって決定される。しかし、住宅は短期的には供給は一定であるために（つまり、供給曲線は右下がりではなく垂直となる）、その価格は需要の大きさのみによって決定される。第1象限（北東）では、横軸にストック水準、縦軸に賃貸料が設定されている。ここ

6）　マサチューセッツ工科大学不動産研究センターのウィートン元教授は、不動産は価格が上昇しているときには「資産」としての性質が強く、その価格が下がり始めたときには「財・サービス」としての側面が強くなるといった。

図表1　ストック・フローモデル

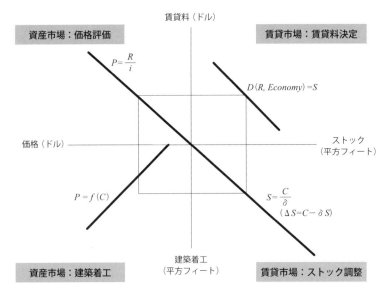

（出所）Denise DiPasquale and William Wheaton, (1996), *Urban Economics and Real Estate Markets*

では、マクロ的な経済環境や人口の大きさによって需要が決定され、そのときの供給量によって賃料水準が決定される。

　第2象限（北西）においては、賃貸料と資産価格の関係を示している。資産の価格は、将来収益の割引現在価値として決定されることから、資産価格（P）は、第1象限で決定された賃貸料（R）を資本還元率（i）によって割り戻すことで決定される（$P=R\div i$）。

　第3象限（南西）は、フローの供給水準を決定する着工市場である。着工水準（$f(C)$）は、建設費用の関数として設定される。そして、その着工は、第2象限で決定された資産価格の水準に応じて決定される。つまり、価格が高くなればデベロッパーの収益が大きくなるために、より高い建設費用の水準でも供給ができるために、着工戸数は増加する。

　第4象限（南東）は、第3象限で決定した新規建設フローが、住宅のストックの中に追加されていることを示す。しかし、純粋なストックの変化量$\varDelta S$は、新規建設分から滅失したストック分（δS）を差し引いた水準にな

る。そして、このように決定された新しいストック水準から、第1象限で新しい賃貸料が決定されるのである。

このようなメカニズムを理解すると、不動産市場のダイナミクスが整理しやすくなる。つまり、このモデルでは、市場が均衡状態から乖離した際に、供給がどの程度弾力的に調整されるのかといったことが説明できる。特に、不動産は、着工され市場で供給されるまでの時間的なラグが存在し、さらに取引費用の存在などによって市場の調整には時間がかかるために、ストックは瞬時に調整されるものではないという性質を明示的に組み入れている。

わが国においては、井上・清水・中神（2009）において、1980年代の住宅バブルに対して、住宅の供給制約がどのような影響をもたらしていたのかを推計している。その結果として、わが国のバブル発生時の住宅供給の価格弾力性が極めて小さかったこと、その原因が資産税制と土地利用規制によってもたらされていたことを実証的に示している。

加えて、税制が住宅供給に与える影響を分析した研究も多い（伊豆・清水（1993））。例えば、山崎（1992）、金本（1994）は、土地譲渡所得税の凍結効果に注目して研究をしている。また、田中・清水（1992）では、わが国の税制が土地価格の上昇を前提として設計されていることから、下落局面では、資源の分配に対して歪みをもたらすことを指摘している。Yamazaki（1999）では、税制の非中立性により不動産の方が金融資産よりも有利であることに着目し、世代間で土地利用に歪みが生じることを指摘している。

また、住宅の供給メカニズムをマイクロなレベルで分析しようとした場合には、中古住宅流通市場との関係を明示的に取り入れた分析が行われている。例えば、Wheaton and Lee（2009）では、在庫に占める売買比率が住宅価格の変動と密接な関係があることを示唆している。

3 土地対策に関する論争

1990年のバブル崩壊に至るまで、行き過ぎた土地価格の上昇が発生したときには、このような社会経済課題に対してどのような政策的な対応をし

たらいいのかという問題をめぐって、様々な政策論争が繰り広げられた。

1980年代前半から発生したオフィス需要の拡大予測と住宅需要のショックは、商業地・住宅地の価格を大きく上昇させることになったが、そのような需要と対比して、土地の供給が制限されていることもその要因として指摘された。つまり、前述のように需要の増加に応じて供給も増加すれば価格の上昇は起こらないため、政策的には土地の供給を拡大することが中心的な政策に置かれることは自然な流れであった[7]。

土地、広い意味での建物の供給を増加させる方法としては、土地利用を転換させることで土地面積そのものを面的に拡大することと、容積率を緩和することで立体的に建物面積を拡大することが考えられる。しかし、容積率の緩和が需要を一層高め、その結果として不動産バブルをけん引していると考えられていた当時においては、供給拡大策としては、土地利用転換を促進させることで、不動産バブルに対応していこうとする政策が検討された。

土地利用転換の問題としては、直接的な宅地造成とともに不動産課税によるインセンティブを利用しながら土地の利用転換を図ろうとする政策をめぐって多くの議論が行われた。その議論は、1980年代のバブルに先だち列島改造時の住宅バブルのときに端を発する。

列島改造時の不動産バブルは、住宅地を中心に発生した。都市化が進み、大都市圏を中心として宅地の不足する中で、住宅価格が一気に上昇した。そのような中で、市街化区域内の農地の問題が注目された。市街化区域は、本来は、住宅や商業施設などの都市的な土地利用として利用されることが前提とされ、道路・下水道などの都市基盤施設が供給されていることから、農地を売却すると都市基盤施設の開発利益が含まれた価格で売却が可能となる。そのために、農地保有者は高いキャピタルゲインを得ることができるという点に着目し、土地保有課税・不動産譲渡所得課税ともに強化すべきであるという主張が出された。つまり、土地の保有コストを上げることで売却を促し、不動産譲渡課税を強化することで、開発利益を還

---

7) 清水（2015）では、この当時の政策が現在の空き家問題の原因になっていることを指摘している。空き家対策には、この当時の政策を総括し直すことの重要性も併せて主張している。

元させようとしたのである。当時の議論を振り返ると、現在、不動産バブルに直面している国々で進められようとしている政策やそれを取り巻く研究の多くの基礎的な枠組みは、すでに構築されていたことがわかる。

中でも、保有課税の強化をめぐっては、世論をも巻き込み、大きな論争が繰り広げられた。具体的には、市街化区域内農地の固定資産税の宅地並み課税、つまり農地に対する課税強化に関する議論である。その議論のきっかけとなったのが、新沢・華山（1970）である。新沢・華山は、固定資産税の市街化区域内農地に対する宅地並み課税を実施することを主張した。固定資産税は、法定税率が1.4％であるが、農地については様々な特例があり、その100分の1程度と実質的には負担がないという状態にあった。そのために、不動産価格が上昇したとしても保有コストがかからないために、保有を継続してしまう。

この問題に関して、対立した理論を展開したのが、小宮・岩田（1973）である[8]。小宮・岩田は、土地保有課税は資源配分に対して中立的であり、宅地を供給させる効果も抑制する効果も持たないとした。そして、バブル期に入ると、再度、この問題が注目されることになった。岩田・山崎・花崎・井上（1993）では、計量経済学的な分析手法の発展もあり、土地保有課税強化の効果を理論・実証の両面から明らかにした。

このような論争はあったものの、市街化区域内農地の宅地並み課税は、1991年における地方税法および生産緑地法の改正によって、20年あまりにわたって繰り広げられてきた都市農地をめぐる原則論を収束させ、具体的な政策へと移された。これは、1988年6月に臨時行政改革推進審議会が打ち出した「地価等土地政策に関する答申」[9]およびそれに続く、土地基本法の制定（1989年）、政府税制調査会による「土地税制のあり方に関する基本答申」（1990）の策定等の一連の土地税制改正の一環として、実施された

---

8) その後、この問題は、岩田（1977）にまとめられる。また、その後においては、今井・宇沢・小宮・根岸（1971）といったスタンダードなミクロ経済学の教科書にも整理された。

9) 「市街化区域内農地については、宅地化すべきものと保全すべきものとの区分を都市計画上明確にし、宅地化するものについては、計画的な宅地化を促進していくことが必要である。これに対応して、宅地化すべき農地に係る各種税制について、土地の合理的利用の促進、負担の公平の確保等の観点から見直しを検討すべきである」臨時行政改革推進審議会『地価等土地対策に関する答申』（1988.6）

ものである。生産緑地法改正およびそれに伴う地方税法の改正は、都市計画と土地保有課税との融合を図りながら、三大都市圏における特定市の市街化区域内農地の高度利用の促進、土地価格の安定を求めたものである。具体的には、生産緑地法の改正によって「宅地化すべき農地」と「保全すべき農地」に明確に区分し、税制面では、「宅地化すべき農地」に対しては固定資産税および都市計画税を宅地並みに課すことになった[10]。

続いて、1991年には、国税として地価税が導入された。地価税導入の理論的な後押しをしたのが、野口（1989）である。小宮・岩田 vs. 新沢・華山の論争においては、市街化区域内農地を取り巻く課税強化問題であったが、バブル期においては、国税として一定の規模以上の土地を保有する法人・個人を問わずすべての主体に対して課税強化をし、土地の高度利用を促進させようとする方策が検討された。野口（1989）は、地価に対する課税の強化は、開発時点を早める、つまり高度利用を促進させる効果があることを示した。この問題に関して金本（1992）では、地価税は地価を大きく引き下げる効果はあるものの、開発時点を早める効果は存在しないことを示した。金本の野口（1989）に対する批判は、地価抑制策としての効果に関しては認めていること、地価税導入後であったことから、先の市街化区域内農地を取り巻く問題ほどに大きな論点とはならなかった。

また、不動産価格の上昇期においては、土地譲渡所得税が持つロックイン効果に関して、様々な研究が報告された。この問題もまた、列島改造時の不動産バブル期から行われてきた論争であった。土地が急激に上昇する中では、多額の譲渡所得税が発生することで不動産の移転が妨げられることが指摘されてきた。そのような中で、小宮・村上（1972）において、未実現のキャピタルゲインに関しても課税すべきであるという提案がなされた。岩田（1977）においては、土地譲渡所得課税の凍結効果を回避する方法として、土地含み益利子税の導入を提案した。また、八田（1988）において、売却時中立課税方式を提案した。つまり、特定の利子税率を前提にして、保有年数に応じて中立的な譲渡益税率の税率表を作成し、それに基づき課

---

10) 詳細は、清水（1997）を参照されたい。

税を行う方式という方法である。

　政策的には、1991年に、①所得・消費・資産間で均衡の取れた税体系を確保するという観点から、土地に対しても課税の適正・公平を確保するという視点から大きな改正が行われた。市街化区域内農地の宅地並み課税は地方税であるが、国税においては、地価税の導入によって土地譲渡所得税においても、その見直しが行われた。土地譲渡益課税は、一般の譲渡については個人所得課税の最高税率である65%（国50%・地方15%）の半分を超える39%（国30%、地方9%）に引き上げつつ、優良な住宅供給など、適正かつ合理的な土地利用のための譲渡については、軽減税率や特別控除などが適用された[11]。

　このような土地税制による政策対応とともに、国土利用計画法に基づく土地取引規制など様々な政策が導入される中で、1990年以降においてバブルは崩壊し、その後の長期的な土地価格の下落局面へと突入していくこととなったのである。しかし、バブル崩壊の直接的な政策が、それまで不動産バブルへの対応に消極的だった日本銀行による不動産業に対する貸し出しの総量規制がきっかけになったことは皮肉なことであった。そのために、それまでに入念に準備された地価税の導入や市街化区域内農地への課税強化が後手に回ってしまうことで、その後の大きな課題を創出することになってしまったといっても良いであろう。

4　金融政策と不動産価格指数

　不動産価格の急騰とその後の下落といった、いわゆる不動産バブルの生成と崩壊は、日本だけでなく多くの国に対して深刻な経済問題をもたらしてきた。1990年代における日本やスウェーデンの不動産バブルは、その典型的な例として紹介されてきたが、2000年代半ばにかけて多くの欧米諸国

---

11)　具体的には、2年以内の短期転売に関しては投機的な土地取引として見做し課税強化をするものの、通常の譲渡に関しては軽減をしようとしたものであった。これは、地価税によって土地の保有コストを引き上げ、通常の譲渡の税率を引き上げる一方、軽減税率を設けることによって、政策的に土地の譲渡を誘導しようとしたものであった。結果として、個人の土地の譲渡益の8割相当が軽減税率や特別控除の適用対象となり、優遇税制の対象となった。

で発生した不動産価格の急騰とその後の崩壊は、米国における住宅市場の冷え込みを契機として、「100年に一度の経済恐慌」とされたように、深刻な世界的な経済危機へと発展していった。

　日本における1980年代半ばから1990年代にかけて発生した不動産価格の急騰とその後の下落は、後に「失われた10年（lost decade）」と呼ばれるような長い経済的停滞を余儀なくされた。そうした中で、不動産市場の機能不全による不況が長期に及びかつ落ち込み幅も大きいという現象が、日米以外の多くの国においても観察されたために、不動産市場の金融政策を含む実態市場との関係が注目されるようになっていったのである（Crowe et al. (2011)）。

　そのような中で、注目されたのがReinhart and Rogoff (2009) の「This Time is Different」という研究である。同研究においては、1世紀以上にもわたる長期間の多数の国々の経済データを整理分析することで、金融危機が発生した国で見られた共通の現象を発見した。その結論としては、①資産価格の中でも不動産価格が、収益から離れて大きく上昇すること、②負債が所得・純資産をはるかに超えて上昇し、レバレッジが上昇すること、③資本流入が継続すること、④生産性の上昇が資産価値や負債の増加と比較してラグを持つこと、の4点が見出された。

　それでは、金融危機のようなショックが加わったときには、経済活動に対してどのような問題が発生するのか。このことは、Kiyotaki and Moor(1997)で、理論的に整理がなされている。Kiyotaki and Moor (1997) では、リアルビジネスサイクルモデルを修正することで、クレジットサイクルの現象の中で不動産価格への影響を整理している。それは、企業の生産性との関係に焦点を当てている。通常の企業活動においては、生産性の高い企業ほど信用限度額まで借り入れを行い、残りの投資資金は自己の純資産で賄うことが多い。このような場合では、小さなショックが発生しても、投資量、生産性と資産価値に影響が出ることになる。具体的には、より生産的な企業ほど、固定負債を負っているために、負のショックが少し加わっただけでもレバレッジが存在する社会では、その影響が大きく出現することになる。そうすると、生産性の高い企業の資産需要が低下することで、総生産

性が低下し、資産価格は下落する。加えて、ここに時間軸を入れれば、生産性の高い企業の将来の資産需要、投資シェア、経済全体の総生産性が低下するために、「将来の期待」が低下することでさらに現在の資産価格を押し下げる効果が生まれる。このような資産価格の押し下げ効果は、固定負債のある生産的な企業のバランスシートを悪化させることで、資産価格の下落と総生産性の停滞が増幅する形で経済活動の停滞を招いてしまう。

そのような中で、金融政策の重要性が認識されるわけであるが、その政策的な対応をめぐっては、内外において様々な議論が展開されてきた。資産価格の安定化に向けて、中央銀行はどのような役割を担うべきであるのか、担うことができるのかといった議論である。不動産政策との観点では、不動産価格指数の整備がそのような議論から出てきたということである。

わが国の金融政策は、物価の安定と金融システムの安定を目標として運営されている。そして、そのターゲットとしては、物価指数（CPI）が用いられている。その物価指数の中には、住宅サービスの対価として家賃が含まれているために、住宅価格が高騰したときに、その家賃が適切に連動していれば、自動的に金融政策と連動することができる。具体的には、住宅バブルが発生したときにCPIの中での住宅家賃が上昇していれば、金融市場の引き締めるように政策を発動することで、不動産市場の過熱を冷ますことができる。

しかし、1980年代のバブル期も、現在においても、CPIの家賃と資産市場と連動はしていなかったし、していないのである（Shimizu, Nishimura and Watanabe (2010)、Shimizu, Imai and Diewert (2015)）。図表2は、2005年以降の市場で成約されたマイクロデータから生成されたマンション価格指数および市場家賃指数（右軸）と、CPI家賃（左軸）を比較したものである。2007年のミニバブルと呼ばれた時期を含む前後と近年の不動産市場の活況化を受けての価格上昇がマンション価格指数または市場家賃指数では見て取れるものの、CPI家賃は下落し続けるという動きを見せていることがわかる。そのような中で、不動産政策として不動産価格指数を含む情報整備を進めていくことの重要性が国際的にも認識されてきているのである。

図表2 住宅価格指数・家賃指数とCPI家賃

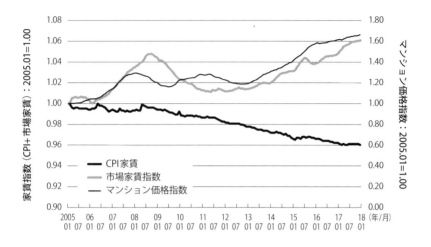

5　不動産政策と不動産市場分析

　戦後の日本の不動産市場は、産業構造の変化や国土政策による需要の変化などに伴い様々な変遷を見せてきた。1960年代には高度経済成長期における第二次産業の発達に伴う工業地需要の増大による工業地のバブル、1970年代には列島改造に伴う都市化の進展による都市部の宅地需要の増大に伴う住宅地バブル、1980年代の金融を中心とした第三次産業への産業構造の転換とプラザ合意後の資金の過剰流動性に刺激された商業地バブルに端を発した不動産バブルを経験した。続いて、バブル崩壊後の持続的な不動産価格の下落を経て、2000年代に入ってからの不動産証券化市場の急速な発達に伴い、不動産市場に流入する資金の性質の変化に裏付けられたファンドバブル、そして、近年においても、東京を中心として不動産価格が上昇し続けている。

　不動産市場は、産業構造の変化、国土政策、金融政策、オリンピックなどのメガイベントなどの影響を受けつつ、大きなうねりを経験してきた。そのうねりは、実体経済に対しても大きな影響を与えることから、長期的

な視野に立ったうえでの政策対応が極めて重要であったし、これからも経済政策の中で大きな役割を担っていくことが期待されている。

　しかし、市場の変化と政策対応の時間軸が異なるために、制度設計においては慎重さが要求される。例えば、1980年代のバブル期には、供給制約が原因であるという認識から、宅地造成や市街化区域内農地の転用などが進められようとしたが、実際の政策発動が行われたのは日本銀行の総量規制によってバブルが崩壊した後の1991年以降となった。そのような政策的なラグが、その後の不動産価格の持続的な下落や近年における空き家問題の原因を作ってしまったといっても良い。

　そうすると、不動産市場を含む資産市場の短期的な変動に対しては、不動産政策としては直接的な市場介入によって不動産市場の構造的な変更を与えることで対応するのではなく、不動産価格指数の整備など、情報整備に努めるべきであるといえよう。一方で、長期的な不動産市場の構造変化やそれらを伴う市場の変化に対しては、不動産政策として対応していかなければならない。都市計画制度、不動産関連税制、不動産取引制度など、情報整備を基盤としつつ、政策的な連動が要求されるものと考える。

　そのような政策を立案していくうえで、不動産市場のダイナミクスを含む市場構造に対する正しい理解が要求されていると考える。

[参考文献]
1. Crowe, C., G.Dell'Ariccia, D.Igan and P.Rabanal (2011), "Policies for Macrofinancial Stability: Options to Deal with Real Estate Booms", IMF, Staff discussion note, SDN/11/02.
2. 伊藤隆敏・野口悠紀雄編著 (1992)、『分析・日本経済のストック化』日本経済新聞社.
3. 今井賢一・宇沢弘文・小宮隆太郎・根岸隆 (1971)、『価格理論Ⅲ』岩波書店.
4. 八田達夫 (1988)、『直接税改革』日本経済新聞社.
5. 井上智夫・清水千弘・中神康博 (2009)、「資産税制とバブル」井堀利宏編『財政政策と社会保障』慶應義塾大学出版会所収、329-371.
6. 岩田規久男 (1977)、『土地と住宅の経済学』日本経済新聞社.
7. 岩田規久男・山崎福寿・花崎正晴・井上康 (1993)、『土地税制の理論と実証』東洋経済新報社.
8. 金子宏・長谷川徳之輔 (1991)、『新しい地価対策と土地税制』東京教育情報センター.
9. 金本良嗣 (1992)、「土地税制と遊休地の開発」伊藤隆敏・野口悠紀雄編著『分析・日本

経済のストック化』日本経済新聞社所収.
10. Kiyotaki, N. and J.Moore (1997), "Credit Cycles", *Journal of Political Economy*, 105 (2): 211-248.
11. 小宮隆太郎・岩田規久男 (1973)、「地価理論の混乱を糾す」東洋経済1973.10.4 (3764).
12. 小宮隆太郎・村上泰亮 (1972)、「地価対策の基本問題」佐伯尚美・小宮隆太郎編『日本の土地問題』東京大学出版会所収.
13. Miyakawa, D., C.Shimizu and I. Uesugi (2016), "Geography and Realty Prices: Evidence from International Transaction-Level Data", HIT-REFINED Working Paper, 52.
14. 野口悠紀雄 (1989)、『土地の経済学』日本経済新聞社.
15. Mizuta, T., C.Shimizu and I.Uesugi (2016), "How Inheritance Affects the Real Estate Market: Evidence from transaction and registry data", HIT-REFINED Working Paper, 62.
16. 清水千弘 (1997)、「農地所有者の土地利用選好に関する統計的検討―生産緑地法改正における農地所有者行動を中心として―」総合都市研究、第62巻、31-45 (東京都立大学).
17. Shimizu, C., (2012), "Selection of the Winning Office Investment Market in Tokyo", *Real Estate Issue*, Vol. 37, No. 2-3, pp.51-60.
18. 清水千弘 (2014)、「人口減少・高齢化は住宅価格の暴落をもたらすのか?」土地総合研究 (土地総合研究所)、第22巻4号、73-85.
19. 清水千弘 (2015)、「空き家はどうして生まれるのか? ―Why Do Vacant Homes Zombie Born?―」麗澤学際ジャーナル、第23巻、pp.145-164.
20. 清水千弘 (2016a)、「都市の再生力―空き家ゾンビと闘うスーパースター―」都市デザイン34巻、19-22.
21. 清水千弘 (2016b)、「住宅市場は生き残ることができるのか?」Eco-Forum (統計研究会)、第31巻、40-50.
22. 清水千弘 (2016c)、「不動産市場から投資家は逃げたのか? ―大規模災害が不動産市場にもたらす影響―」日本不動産学会誌、第115号、47-53.
23. 清水千弘 (2016d)、「不動産バブルは繰り返すのか?―不動産市場の過去・現在・未来―」HIT-REFINED Working Paper, 59.
24. Shimizu, C. and T.Watanabe (2010), "Housing Bubble in Japan and the United States", *Public Policy Review*, 6 (3), 431-472.
25. Shimizu, C., S.Imai and E.W.Diewert (2015), "Housing Rent and Japanese CPI: Nominal Rigidity of Rents", IRES-NUS (National University of Singapore) Working Paper 2015-008.
26. Shimizu, C., K.G.Nishimura and T.Watanabe (2010), "Residential Rents and Price Rigidity: Micro Structure and Macro Consequences", *Journal of Japanese and International Economy*, 24, 282-299.
27. 新沢嘉芽統・華山謙 (1970)、『地価と土地政策』岩波書店.

2-14

住まい学からみた
不動産政策研究への期待

横浜市立大学国際総合科学部教授
齊藤 広子

1 はじめに

　住まい学とはどんな学問だろうか。正式な定義はないが、住まいに関する学問として広く使われている。本来は、住居学という言葉を使うべきかもしれないが、住居学科の減少とともに、住居学という名称はあまり使われなくなっている。

　住居学とは、生活を研究する科学で、人間が住むことにかかわる学問である[1]。もう少し厳格に定義すると、住生活と住空間の対応関係の発展性を追求する学問である。学問のアプローチとして、目的学、問題解決学とされる。住居学を専門に学ぶ体制として、4年生大学の中で最も多い時には6大学で住居学科が設置されたが、大学内外の事情から今は日本女子大学を除き、4年制大学からは住居学科が消えている。

　ここであえて住居学とは言わず、住まい学としたのは、住まいを取り巻く環境が以下のように変化しているからである。

　第一に、住居学は、対象とする住宅の中の「衣食住」のうち「住」をとりあつかい、住宅の中の生活と空間との関係を考えることが主であったが、その対象領域が、住宅を取り巻く環境、居住地や地域レベルに広がってき

---

1) 参考文献1

たことがある。「私」空間だけでなく、「共」や「公」空間に広がり、都市計画分野やまちづくり分野とのかかわりが大きくなっている。

第二に、住居学では主体を生活者、居住者としてとらえるが、市場で住まいや住環境を手に入れることが前提の社会では、住宅生産者や供給者に対して住宅需要者となり、消費者としてとらえる必要がある。ゆえに経済学とのかかわりも大きくなってきたことがある。

第三に、新規に住宅をつくることから、つくった住宅を維持管理することが主要な社会においては、住宅を建設・建築の対象ととらえるよりも、不動産としてとらえることが求められる。ゆえに、法律面では公法だけでなく私法も、そして広く不動産学とのかかわりが求められるようになってきている。

ゆえに、住居学をベースとし、上記の3つの環境の変化に対応した学を、住まい学とし、以下を考えていこう。

2　住まい学からみた不動産政策研究への期待

住まい学の視点からこれからの住まい方の変化、つまり住生活の変化がどのような課題を生み出すのか。そこからどのような住空間を求めるのか。この課題は空間を整備すれば解決あるいは予防できるのかを考えていきたい。

（1）予想される住まい方の変化

第一に、人口減少、世帯減少がある。既に人口は減少に向かっているが、4分の1世紀後には約15％減となり[2]、世帯数も低下することになる。拡大した郊外住宅地からは人が撤退し、密度の低下と利便地への人口移動という大きな流れのもとで、地域間では不平等に空き地や空き家が増えていく。つまり、不便な所からは人々は撤退していく。見捨てられる住宅地、空き室が増えるマンション、市場では取引が行えない、市場性が無い負の不動

2）　参考文献4　2015年の人口は1.2709億人で、2040年には1.1092億人になると推計されている。

産が増加する。不動産の縮小、消滅が大きな課題となる。

　第二に、世帯構成の変化、少数化がある。いわば無子化・単身化の増加である。その一方では、多くの子供がいる家族もある。東京都の調査では65歳以上の高齢世帯の9.5％に子供がいないという現実がある[3]。さらに独身・単身者、片親と子供、一人っ子同士の結婚で両方の両親との同居、他人同士が暮らす等、全体的には世帯は少数化に向かいつつ、多様化してくる。平均値の考え方が意味を持たない。多様な世帯に対応できる住宅、時間の変化に応じて間取りや住宅の広さそのものを変化できる等、非標準化・非固定化住宅への需要が高まる。

　第三に、居住地選択行動の変化である。都市居住者にとって職業や職場が居住地に大きな影響を与えてきた。職業によっては居住立地が限定されるため、限定階層が存在した。しかし、在宅勤務の増加だけでなく、終身雇用の揺らぎ等、「職」に規定される要因が低下する。女性の社会進出、家族の少数化等もあり、家族や友人、親族との関係からの居住地選択も増加している。また、家族人数やライフステージにあわせて地域内循環居住需要も増えている。つまり、地域内親族近居かつ循環居住の増加である。

　また、二地域居住も新たな形で増えつつある。従来の二地域居住は、都市住民が、本人や家族のニーズ等に応じて、多様なライフスタイルを実現するための手段の一つとして、農山漁村等の同一地域において、中期的、定期的・反復的に滞在することであったが、最近では、都心部と郊外部の居住等、新たな形での二地域居住スタイルも生まれている。

　第四に、住宅選択行動の変化である。少子化の結果、住宅は親から引き継ぐため、長期にわたり借家に暮らす世帯、あるいは子孫に残す必要もなく、人生において住宅購入をしない世帯が増えていく。今までの住宅すごろくのように標準的な道はない。ゆえに、所有形態も含めた多様な住宅タイプ、特に良好な借家の供給への期待がある。

　第五に、定年後人生の長期化である。人口全体が高齢化することも大きく、今から約30年前には高齢者は人口の約10分の1（1990年）、それが約5

3）　参考文献2

分の1（2010年、23.1％）、約4分の1（2015年、26.6％）となり、さらに15～20年後で約3分の1（2036年、33.3％）になる[4]。各人の人生においても平均寿命男性80.79歳、女性87.05歳（2015年厚労省）であり、65歳の定年の場合は男性約16年、女性約22年が定年後人生となる。後期高齢期までの10年、その後の10年と、生活の仕方が大きく変わる。また、健康寿命は男性が71.19歳、女性が74.21歳（2013年内閣府）であることから、約10年間は医療や介護等の支援が必要となる。住宅やまちを考える上で、子供中心の考え方から、高齢期をいかに快適に元気に安心して暮らせるかを考えることが大きな課題となってくる。

(2) 住まい方の変化に伴う住空間の課題と検討の方向

住まい方が大きく変化すると、住空間としてどのような課題が生じるのか。それは空間だけで解決できるのか。上記の住まい方の変化からいくつかの課題を考えたい。

第一は、見捨てられる住宅地、マンション等、負の不動産をつくらないための予防策が必要となる。そのためには空間の再編が求められる。隣の敷地があけばわが家の延長にしよう。隣のマンションの住戸が空けば、わが家と一つにしようという低密度化対策である。もう一つは空き地や空き家を寄せていく、低利用化対策である。既にドイツ等では減築をはじめており、アメリカでは空き地・空き家対策に公的介入がみられている[5]。しかし、これらは物理的に二つの土地を一つにする、マンションの隣戸との間の壁を撤去し、一つの住戸にするといった技術面だけでは解決しない。マンションでは共用部分の壁を取っ払った分だけ、＜壁の厚さ×長さ＞分の専有面積が増加する。総専有面積が増加し、全体の持ち分や議決権、費用負担等に影響をおよぼすことになる。また低密度化や低利用化の推進には隣接不動産取得の経済的メリットや適切な補償が必要となる。この解決や推進方策には私法に基づいたルールづくりや経済的補償による承諾制度等、不動産の再編の新たな制度が必要となっている。

---

[4] 参考文献4
[5] 参考文献3

第二は、魅力ある住宅地、居住地としての住環境の維持・向上が必要になる。人口減少・高齢化を食い止めるためには、若い世代が入居し、地域内循環ができる多様な住宅タイプの存在、歩いていける所に商店があること、長い定年期に働ける職場があること等、純化されたまちを混在化させる作業がいる。また市場や行政のサービスが届かない住宅地が増加する。例えば、バス路線が廃止され、陸の孤島となる。不便だからと、ますます人が去る。だから店も閉まり、また、ますます不便になる。こうした負の循環を止めなければならない。もちろん、個人も行政も財政負担を減らしたい。単に店舗や住宅をつくれば人々が利用し、人が移転してくるわけではない。商店の経営がなりたち、多様な世代の居住のために人々が積極的に地域内を巡回居住をする仕組みが必要である。また、混在化のために、高度経済成長時代に都市計画決定した店舗禁止、戸建て住宅のみ、最低敷地面積200㎡等の地区計画を撤廃しなければならない。公的なルールのあり方の見直しも必要である。「私」の権利を踏まえ、「私」の意向を踏まえて、公のルールを見直していく体制が必要である。

　第三は、所有権にかかわらず、多様な世帯に応じた住宅タイプの供給が求められる。長期に暮らすためには借家でも居住者が自由に間取りの変更ができる、内装の変更ができることが求められる。また、ほぼ30年後に親から住宅を引き継ぐことが分かっている場合に、200年持つ住宅を高いお金を出して購入することを躊躇したくなる。だからといって30年しか持たない住宅をつくるのでは質が低くなりやすい。そこで、30年の定期所有権等、住宅が技術的に進歩し、長寿命化できるようになればなるほど、住宅の所有権の時間所有の推進が必要となる。では誰が費用を回収するのか。定期所有の権利をどのように設定するのか。新たな時代にあった住まいの所有に関する法と経済による体制づくりが必要である。

　第四は、住宅、住環境の論理的な資産価値評価基準の策定と普及が求められる。住宅の評価がますます市場で評価されることを踏まえると、建物の性能やその維持管理状態、住環境の質が市場で評価される体制づくりが必要である。災害時には住宅そのものをいかに丈夫につくっても立地による影響が大きい。例えば、津波や液状化による家屋の被害である。東日本

大震災で液状化による被害が大きかった浦安市の埋立てエリアでは罹災世帯率が約9割、戸建て住宅では半数以上が半壊である。こうした被害を事前に予想できたのかという質問に「イエス」とは多くは答えていない。行政による情報も、住宅購入の際の不動産事業者による情報も十分ではなかったからである。このように、性能等がよく分からない部分については、住宅市場では評価されない現状がある。つまりマイナス評価になっていない。よくないものがよくない、よいものはよいと市場で評価される体制を構築し、市場を通じてしっかりと住宅、住環境の質を向上すべきである。

第五に、長い高齢期を、不動産を担保にし、どう安心して暮らすのかが重要な課題となる。これからは無子化が進めば今までネックとなっていた子供の反対によるリバースモーゲージ阻害の心配も少なくなる。そこで、自分の資産を使い、しっかりと高齢期を生き抜く住宅の資産運用のあり方が重要となる。しかし、空間のつくり方だけでは解決できない。どんな空間特性の住宅が、どのように市場価値を持ち、どのような契約を行うことで問題が予防・解消できるのか。やはり経済と法律との連携が必要である。つまり、住まいを不動産としてとらえ、まちを不動産の集合体としてとらえた、不動産政策が必要である。

3 生活者にかかわる不動産とそのための政策の必要性

そもそも生活者がどのように人生で不動産にかかわるのか。その際に、生活者からみると、どんな問題が生じているだろうか。その問題を解決するために、どんな政策が必要であるかを考えたい。

（1）住まいを借りる

はじめに、人々が不動産を意識するのは親元を離れ、住宅を借りる時かもしれない。その時に、不動産業界が当然としている不動産業界の用語が理解できない。アパートとマンションはどう違うのかな。広告はどうみればよいのかな。家賃以外にも様々な費用がいるようだが、どうなっている

のか。敷金が全額返ってこないってどういうこと？　等の問題が生じている。つまり、生活に身近な不動産であり、住まいを借りる場合には生活者は契約の当事者になるが、そのための基礎的な知識が備わっていないことがある。

　こうした状況に対して、国は原状回復ガイドラインの作成、また東京都等では賃貸住宅紛争防止条例等を作成し対応している。しかし、原状回復およびその費用負担に関するトラブルはまだ多い。その一つの原因として、不動産会社による原状回復費用の取り扱いによる違いがあるからである[6]。

　こうしたトラブルを回避するために、イギリスでは、敷金預かり金制度を2007年4月より開始している。わが国と同様に、敷金を入居時に、不動産に損害を賃借人が与えた場合や家賃不払いに対処するために、賃借人が家主である賃貸人に支払う。しかし、家主は敷金を返却するのが大変遅い、あるいは不当に費用を差し引く等の問題があった。そこで、この状態を改善し、法廷での家主と賃借人の争いを避けるために新たなスキームが誕生したのである。賃貸借契約を交わすと、通常1か月分の敷金が支払われる。家主または管理会社は14日以内に、「敷金を専門機関に預ける」、あるいは「敷金を保有するが保険に入る」のどちらかを実施し、どちらにしたのか、家主や管理会社の連絡先、契約期間終了後の返却方法やトラブルになった際の対応の仕方を、賃借人に伝える。賃借人は、14日以内に家主あるいは管理会社が上記の対処をしない場合に、裁判所に申し出ると、裁判所は賃借人が支払った3倍の金額を賃貸人が賃借人に支払うように命令することになる。賃借人が退去する際には、家主と敷金返却の合意をしたのち、10日以内にそれを受取ることになる。また、賃借人と家主が金額に同意できない場合は、ADR（Alternative Dispute Resolution：裁判外紛争解決手続き）サービスを受けることができる。

　また、イギリスでは賃貸住宅の質の確保・向上のために、自治体が住宅の温湿度、汚染物質、採光、騒音、衛生状態、事故の起こりやすさ等の29項目について調査をし、改善勧告や使用禁止命令を出す。それでも対処し

---

6)　参考文献5

ない場合には、自治体が改善を執行し、費用を徴収し、民間賃貸住宅の居住環境改善に取り組んでいる。これが、住宅健康評価制度である。そのため、家主は登録やライセンス制となっている。

アメリカのカリフォルニア州では、16戸以上の共同住宅には現地で管理員設置を義務づけている。また、管理員（マネージャー）の教育や資格もある。ドイツでも、PM（プロパティマネジメント）機能を持ち、所有者の代理人である、家屋管理人制度、フランスでは生活面をサポートするガルディアンがある。

賃貸住宅で安心してかつ快適に居住するには、生活者自身が自分の住生活にあった住宅を選択し、かつ契約内容を理解し、責任を持って、賃貸借契約を行うことである。また、賃貸住宅は都市において重要な居住形態であり、かつ管理が適正に実施できない場合の外部不経済もかんがみ、今後はより居住政策と連携した不動産政策が必要である。

具体的には、①管理上の所有者と居住者の役割分担が不明確であることから、原状回復のようにガイドラインの提示、②家賃をはじめとした、対価の支払いの明確化、③住宅の性能と対価の関係が市場で判断できる仕組み、④管理業者の質の向上と管理業務内容の明確化、⑤現地管理体制の強化、⑥敷金トラブル予防スキーム、⑦行政による問題がある住宅への立ち入り検査体制、⑧居住者と地域をつなぐ場と機会の提供（管理員やマネージャー制度）等、制度の構築とともに居住者、関係業界、行政がともに成長することが必要である。

(2) 住まいを購入する

住まいを購入する際には、生活者は借りる場合よりも、より「不動産」を意識するだろう。賃貸住宅で不満があった場合には、最終的には転居する方法で、問題の解消（正確には回避）をすることができるが、住まいを購入した場合にはそう簡単には転居はできない。

例えば、契約に先立ち、「重要事項説明をします」といわれても、重要事項説明の意味、そして説明の内容をどこまで理解している人がいるだろうか。生活者に住まいを購入する場合の基礎的な知識が一般的には備わって

いない。

　こうした状況に対して、安心して暮らせるための住宅政策として、住生活基本法が施行（2006年）され、住宅の品質確保の促進等に関する法律（2000年）では新築住宅については基本構造部分については10年間の瑕疵担保責任を義務づけ、消費者が品質や性能を比較することが可能なように住宅性能表示制度等を整備した。その後、耐震偽装事件を受け、分譲会社が倒産等すれば、瑕疵担保責任は履行されないため、住宅瑕疵担保責任履行法の施行（2009年10月）、長期に利用できる住宅の認定と認定住宅における住宅履歴情報生成・蓄積等を義務化した長期優良住宅の普及の促進等に関する法律（2008年）等、市場のメカニズムを利用し、生活者が安心して暮らせる体制づくりの促進と、マンションの管理の適正化の推進に関する法律（マンション管理適正化法：2000年）等、住宅の適正な管理の推進が行われてきている。

　さらに、住まいを購入する消費者保護の視点から取引時の情報開示が進められ、既存住宅の流通促進のために、インスペクション（建物状況調査）のガイドラインの整備（2013年）、宅地建物取引業法改正（2016年2月）による住宅購入時の情報開示の推進（インスペクションの結果や図面の有無等）等が進められている。

　しかしながら、諸外国に比べると、情報開示項目はまだまだ少ない。消費者がより安心に主体的に住まいを購入できる体制の構築の推進が必要である。

　具体的には、①維持管理のための情報ストックの推進が必要である。アメリカ、フランスでは適正な維持管理が市場で評価されるように、住宅、特にマンションの履歴情報の生成・蓄積・開示を法で義務づけている。日本では、マンションの管理運営の記録は法で管理者責任となっているが、履歴情報の蓄積・開示は義務づけておらず、開示が少ない。ストック社会においては履歴情報の蓄積・開示の推進が必要である。②適正な維持管理と情報開示による取引を支える社会システムの構築である。新築時の図面が行政に保管され、増改築の情報もストックされ、必要に応じて関係者は閲覧できるという、住宅の維持管理と流通のための行政の情報蓄積体制が

日本にはないが、既に民間の市場ベースで始まっている。こうした動きを促進し、買主自らが情報を得ようする消費者行動の啓発活動の実施、情報開示の促進体制が必要である。③消費者教育の実践である。住まいの購入に関しての消費者教育が中立的な立場で行われている事例はまだ少ない。生活者が消費者として責任を持ち、判断できるための体制の構築が必要である。

（3）地域の空き家を予防し、活用する

　わが国で空き家率が全国で13.5％となり、空き家によるまちへの外部不経済が懸念されている。空き家は人口減少や世帯減少の結果と考えられるが、一概にそうとはいえない。空き家化を促進し、利活用を難しくしている原因として、次のような不動産制度がある。第一に、空き家の所有者の特定が難しいことがある。不動産の所有者を示す登記をみても、所有権移転時の登記は義務ではないため、真の所有者が記載されていない場合がある。現実には親から相続した場合に、所有者を変更していないケースも多い。第二に、空き家が借地の場合に、借地権契約解除のための清算制度が確立しておらず、空き家を取り壊せない状態となりやすい。具体的には、借地の空き家の場合に、借地人からすると空き家を取り壊すと借地権が消滅し、土地返却時に借地権割合に応じた保障の費用が得られなくなる。一方、地主は空き家になっているので保障の費用を支払う必要はないと考え、両者によるにらみあいが続き、空き家はますます劣化し老朽化することがある。第三に、民間賃貸住宅で空き家率が高くなっているが、建物が老朽化し、多くが空き室でも、借地借家法で借家人の居住の権利が守られていることから、簡単に取り壊して建て替えができないことがある。第四に、空き家は不動産業者から見ると、取引に手間・暇がかかるが、不動産仲介手数料の上限が法で決められているため、手数料を多く取れず、取り組むモチベーションが低くなりやすい[7]。第五に、空き家である中古住宅の性能が分かりにくいため、中古住宅の利用が進んでいないことがある。これはわが国ではアメリカやイギリスに比べ、取引時に住宅の性能に関する情報が少ないことがある。さらにこれとも関連し、第六として、中古住宅の

性能が分からないために、築20年を超した住宅の売買では、住宅は評価されず、「古家あり」となる。この場合、更地価格での取引となり、取引後に住宅が取り壊されることが多い。つまり性能に基づいた価格評価法が確立していない。そのため、相続した住宅をそこで住まれ育った子供たちは、まだ住宅を売りたくないと考え、空き家として残しておくことになる。第七に、一般的な戸建て住宅の空き家の場合には、住宅保有税が高くないこともある。宅地の固定資産税は使っていなくても住宅があれば、1/6になる特例措置が受けられ、住宅の固定資産税はマンションよりも一般的に安い。他に、境界が未確定であることや、隣の空き家を買い取りたいが、価格の妥当性が分からない等、日本独自の未熟な不動産制度が空き家利活用を阻害している。こうした状況の中で、まわりに迷惑をかける空き家であっても、財産権の保護から行政の関与が難しく、立ち入り、あるいは固定資産税情報を利用しての所有者への指導、勧告、まして行政による取り壊し等の代執行を難しくしていた。

　そこで、国は空家等対策の推進に関する特別措置法（空き家対策法、2015（平成27年）5月26日全面施行）を整備し、問題がある空き家（特定空き家）に対して、立ち入り検査、さらに除去や修繕の指導・助言、勧告、命令、さらに強制代執行を可能とした。また、市町村は空家等対策を総合的かつ計画的に実施するために、空家等対策計画の作成及び変更並びに実施に関する協議を行うための協議会を組織することとなり、さらに条例等を整備して取り組んでいる。

　こうした中で、行政や市場に頼らない、空き家問題の予防と空き家利活用が必要となる。その1つのスキームを考えてみよう。

　住宅地が衰退しないように空き家・空き店舗を使い、地域に必要な店を

---

7) この点については、仲介手数料を定めた「宅地建物取引業者が宅地又は建物の売買等に関して受けることができる報酬の額」（昭和45年建設省告示第1552号）が、2017（平成29）年12月8日に改正され、2018（平成30）年1月1日より、空家等の売買又は交換の媒介における特例（新設）が適用され、低廉な空家等（四百万円以下の金額の宅地又は建物）の売買又は交換の媒介であって、通常の売買又は交換の媒介と比較して現地調査等の費用を要するものについては、報酬の額に当該現地調査等に要する費用に相当する額を合計し、十八万円の一・〇八倍を限度と金額を超えてはならないとなっている。

地域で経営する。地域の人が何を求めているのかは、地域の人が一番よく理解しているからである。さらに空いている住宅は地域の共同ハウスとし、食事の場や食事の提供等の生活支援サービスの拠点とする。住宅地の元気な高齢者がコミュニティビジネスとして働く。住宅地への職の提供である。住宅地の中にどんどん働く場をつくる。どんどん多様な家族が住める住宅タイプに変える。住宅タイプや用途の混在化は総論賛成であるが各論反対となりがちである。店舗等は自分の家の横には来てもらいたくない。そのため、合意形成を進めやすくするために金銭的補償を行う。空間の再編の合意形成を、経済的補償を含めることでより促進することになる。

上記の実践は地域コミュニティが主体となる。地域について　個々人が話し合い合意をし、全体の方針を決め、必要に応じて今まで決めたルールを見直す。各人の財産権にかかわることなので、各人全員が参加し、方針を決める。また、住宅地居住者全員は地域が経営する店舗経営が成立するだけの年間使用金券を購入するといった参加を行う。できる人だけが実施するのでは既にビジネスとして成立しないことは周知である。だから全員参加による取り組みが必要である。

こうした仕組みを考えた場合に、以下の課題がある。第一に、住宅地内循環居住促進のためには住宅地内転居の間接取引費用（取得税、登記費用、不動産手数料等）を低減させることが必要である。あるいは地域で地域内不動産を所有し、居住者は使用権を購入する仕組みを導入する等の検討が必要である。第二に、こうした空間の再生をスムーズに行うには、環境悪化による個々の財産権の低下等の経済性評価手法の確立や地域マネジメントを実現しやすくする私法や公法の整備が必要である。区分所有住宅以外で全員参加による住環境のマネジメントの実践を担保できる法が整備されていないことが大きなネックとなっているからである。

もちろん、先にあげた空き家を促進する不動産制度の改善も必要である。その根本として、不動産政策は、今後、より居住政策・住宅政策、都市計画・まちづくりと、さらには福祉政策との連携が必要である。

4 おわりに

　今までは、生活者の視点からの不動産政策がほとんど行われてきていない。生活者を守るために、不動産業者への規制は行われてきたが、不動産政策の多くは、不動産業者政策であったように思える。生活やビジネスの基盤となる「不動産は、国民の経済、国民の生活にとって必要不可欠な財である。人間は生まれながらにして、不動産を利用し、所有し、それを活用して収益を得ているのであって、これからも永遠に不動産との関わりを断ちえない（明海大学不動産学部設立趣旨書より）。」ゆえに、生活者の視点に立った、生活者を育てる不動産政策が根本的に必要であり、そのための研究をさらに進める必要があると考える。

[参考文献・資料]
1. 住田昌二編　現代住居論　光成社　1984
2. 平成22年度東京都福祉保健基礎調査報告書「高齢者の生活実態」2011
3. 平修久他：米国オハイヨ州の人口減少都市の住宅地におけるガバナンスの変容について　日本都市計画学会　都市計画論文46NO.3 p. 577-582　2011.10
4. 国立社会保障・人口問題研究所　日本の将来推計人口（平成29年推計）http://www.ipss.go.jp/pp-zenkoku/j/zenkoku2017/pp29_gaiyou.pdf（2018.3.19検索）
5. 齊藤広子　居住者の原状回復費用負担実態からみた民間賃貸住宅管理の課題　日本不動産学会誌24巻2号p. 87-97　2010
6. 齊藤広子　初めて学ぶ　不動産学　市ヶ谷出版　2018.4
7. 齋藤広子・中城康彦　生活者のための不動産学への招待　放送大学教育振興会　2018.3

2-15

不動産政策分野の国際的な研究動向と近年の傾向

一般財団法人不動産適正取引推進機構 研究理事兼調査研究部長
小林 正典

1 はじめに

(1) 日本不動産学会の設立経緯

　我が国の不動産学・不動産政策分野の学術研究のターニング・ポイントを研究と教育に分けて整理すると、前者の研究については1984年11月の日本不動産学会の設立、後者については1992年の明海大学不動産学部の誕生が大きな軌跡として挙げられる。日本不動産学会は、1983年に旧建設省（現・国土交通省）の協力により設置された「不動産関係教育問題検討委員会」の提言を機に、産官学の各界から設立発起人296名もの構成員をもって任意の学術団体として設立されたことに始まる。

　日本不動産学会の設立趣意書において、まず、不動産学とは、「不動産が今日の国民生活において最も重要な要素の一つとなっていること、および、不動産にかかわる諸事象がそれ自体として解明されるべき固有の問題としてあらわれていることを認識し、そのあり方を総合的な学術研究の対象として究明することを目的とする学問である」と定義されている。そして、不動産学の研究においては、「不動産の保有・利用・開発・整備・保全に関する諸問題を広く取り上げる。その中心をなすのは、土地の利用、住宅の整備、都市環境の保全である。これらはいずれも今日国民の関心が最も強く、その真のあり方を求めて学術研究への期待が最も大きい課題に

他ならない」としている[1]。また、こうした趣旨を踏まえ、(1) 不動産の利用や配置をめぐる諸現象を解明する学際的な研究及び教育の促進を行い、(2) 不動産に関する研究が総合的な視野に立って体系的に固有の学問として確立することが重要とされ、(3) 不動産を対象とする学問は、人文科学、社会科学、自然科学の広範な領域に及ぶことから、その研究は理論・実務の両面から総合的に研究するべきことが指摘されている[2]。学会は、この趣旨と基本方針に基づき、学術講演会、シンポジウムの開催、機関誌の刊行、学会賞・業績賞の表彰による研究の奨励、不動産に関する研究調査等を実施し、1990年には日本学術会議の認定登録団体として公認され、2000年11月に、総合科学としての不動産学の理論的、実証的研究成果を基礎に学会として社会的責任を果たしてきたこと等が評価され、文部科学省認可の社団法人日本不動産学会として発足している。さらに、2013年4月に公益社団法人日本不動産学会に移行し、これまでの我が国の不動産分野の研究において様々な成果をあげている。

(2) 学会設立初期の国際性のある不動産研究の志向

学会設立時の「不動産学と日本不動産学会」の趣意書には、「海外の学術機関・団体と恒常的に交流し、定期の学術大会および各種の研究集会は海外の研究者を招へいして開催するほか、我が国の不動産学の現況についてニュースレターの発行・送付など情報の伝達に努める」とされており、「国際性」がキーワードの一つとされていた[3]。

また、日本不動産学会設立直後の昭和60年度（1985年度）学会総会後に行われた記念講演（昭和60年（1985年）4月3日：日本大学会館）では、当時マサチューセッツ工科大学（MIT）不動産工学開発センター副所長で、

---

1) 「不動産学　そのcomposantesについて」稲本洋之助（東京大学社会科学研究所教授）日本不動産学会誌第10巻第1、2合併号（1995年7月）75 – 80頁。
2) 日本不動産学会のホームページ・学会概要を参照。
   http://www.jares.or.jp/general/association.html
3) 「不動産学　そのcomposantesについて」稲本洋之助（東京大学社会科学研究所教授）日本不動産学会誌第10巻第1、2合併号（1995年7月）80頁の学会設立当時の覚書「不動産学と日本不動産学会」を参照。
   https://www.jstage.jst.go.jp/article/jares1985/10/1-2/10_1-2_75/_pdf/-char/ja

2018年7月から第29代ハーバード大学総長の就任が決まったローレンスS.バコウ（Lawrence S. Bacow）教授[4]を招へいし、同教授からの「アメリカ合衆国における不動産教育の現状」[5]の講演を行っている。また、同センター長マイケル・ジョロフ（Michael Joroff）教授から「最近における不動産研究の課題」[6]の講演を受け、不動産政策研究のさきがけとして同時期に不動産研究センターを立ち上げていたMITから米国の不動産研究の課題と不動産教育システムを学んでいる。その後も、「英国における不動産学の教育と研究」（青山・林著、日本不動産学会誌第2巻第3号：1987年3月）、「各国の不動産教育について」（日本不動産学会誌第3巻第1号：1987年8月）等、諸外国の不動産研究の動向と研究課題を探求している。当時、日本学術会議会員からの指摘等も踏まえ、米国の有力大学には不動産研究センターがあることやMITが不動産開発工学研究センター（当時）を創設した経緯を調べる必要性があったことが日本不動産学会の誕生当時の背景としてあったことが残されている[7]。また、当時、学会に対して、「諸外国で行われている施策とその効果の研究、並びに、不動産に対して、総合的なアプローチによって、理論的背景を明示した政策、経営及び管理に対する示唆により、社会にインパクトを与えるような研究活動が期待」されていたことが指摘されている[8]。さらに、そもそも我が国の宅地建物取引業法の制定検討時に全国農工銀行同盟会が米国の例に倣って内務省に立法化を求めている記録が残されているほか、建設委員会議録22号（昭和27年4月22日）では「1917

---

4) ローレンスS.バコウ（Lawrence S. Bacow）教授の第29代ハーバード大学総長の就任（2018年7月1日就任）は2018年2月に正式に発表され、同教授の生い立ちや、不動産分野の研究実績のほか大学経営方針の動画が配信されている。
https://news.harvard.edu/gazette/story/2018/02/harvard-names-lawrence-s-bacow-as-29th-president/
5) ローレンスS.バコウ（Lawrence S. Bacow）教授の「アメリカ合衆国における不動産教育の現状」の講演録は、日本不動産学会誌第1巻第1号（1985年）23-26頁に掲載されている。
https://www.jstage.jst.go.jp/article/jares1985/1/1/1_1_23/_pdf/-char/ja
6) マイケル・ジョロフ（Michael Joroff）教授の「最近における不動産研究の課題」は、日本不動産学会誌第1巻第1号（1985年）27-34頁に掲載されている。
https://www.jstage.jst.go.jp/article/jares1985/1/1/1_1_27/_pdf/-char/ja
7) 熊田禎宣「日本不動産学会の誕生」日本不動産学会誌第10巻第1，2合併号（1995年7月）66頁参照。
8) 石原舜介「学会の歩みを顧みて」日本不動産学会誌第10巻第1，2合併号（1995年7月）56頁参照。

年にアメリカ・カリフォルニア州で制定された不動産ブローカー免許法」を参考に不動産仲介業のあり方を議論されていることが残されており、不動産仲介制度の他、その後の不動産投資信託（REIT）制度等についても米国の仕組みを研究してきた歴史がある。

このような背景・経緯等を踏まえ、本稿では、米国を中心に諸外国における不動産政策分野の研究の特徴、最近までの動きと近年の傾向を把握することにより、我が国との比較という視点のみならず、国際的な不動産研究の最新動向から考えられる今後の課題を整理する。

（3）日本の不動産政策研究の特徴と変遷

日本不動産学会所属の学者・研究者は、法律学、政治学、経済学、商学、会計学、社会学、歴史学、心理学、地理学、情報処理学、都市工学、建築学、土木学、農学、林学と広範囲に及び、社会科学、自然科学の別を問わず、我が国の学問の主要な分野を網羅している。

日本不動産学会は地価バブルに先立ち設立されたが、その後の地価バブルの発生と崩壊は、日本の不動産研究にも少なからず影響を及ぼしたと言える[9]。当初は、借地借家法の改正問題等、土地利用制度と都市計画制度、すなわち、不動産の利用と配置に関する二大テーマがほとんどを占めていた。設立当初は、「重要な社会問題である住宅問題、土地問題、交通問題、環境問題が不動産の利用や配置の効率化、適正化という共通項を有している」という認識に立脚していたこともあり、土地・住宅問題のメカニズム（制度・経済・技術）の解明と、土地利用・住宅整備・都市環境保全に関する研究が中心であった。

しかし、その後は、土地税制、不動産取引金融が研究課題の中心テーマとして変遷していった。具体的には、1999年頃を境にして2000年代の研

---

9) 稲本洋之助「不動産学とは何か」日本不動産学会誌第10巻第1，2合併号（1995年7月）20頁参照。当時の会長の稲本氏は「バブル現象はこの国とその国際的な環境における金融、証券、為替市場の異常が生み出したもの、いわば外部から土地投機を惹起し、不動産市場に激変をもたらしたがゆえに生じたものだ」とし、「地価バブル現象は不動産に関する従来の枠組み、または認識の枠組みの外からやってきたものではありますけれども、結果としては、不動産に関わるこれまでの制度を、政策、思想、学術の全般にわたって見直しを求めるものとなったといえます」と指摘している。

究課題は、不動産投資・不動産金融分野がクローズアップされてきた[10]。また、地価バブルとその崩壊は土地神話の崩壊、不動産概念を大きく変容させ、資産として土地を保有することの優位性から、地価の続落は、土地保有の危険性を認識させ、このことが、土地価格に左右されにくい事業手法としての土地信託制度の充実や、定期借地権制度・定期借家権制度の創設等、主として私法の分野で成果が認められる。一方で、都市計画・建築基準関係を中心とする公法分野の度重なる改正と不動産市場との関係は十分に研究・評価されておらず、不動産政策分野の将来的課題と考えられる。いずれにしても、学会設立前後における地価バブルとその崩壊を経て、土地は保有するものから利用するものへと基本的な考え方が変化し、不動産は資産から資源へとその位置付けを変えたと言える。

　また、従来は、断片的・散発的な需要供給情報の不連続性が不動産市場の課題であり、情報を仲立ちし、成約させることが不動産業者に求められた役割であったが、不動産の相対的希少性、供給物件を上回る需要が継続する時代から、人口減少・高齢化の進行による影響と、技術革新、情報化社会の進展等により、情報伝達の手法・内容が劇的に変化しつつある。このことが、情報の独占が優位性を発揮する産業から、情報伝達の効率化のあり方、情報・データ分析を駆使した需要サイド（エンドユーザー）の視点に立った研究が増えていることに影響している。特に、学会内でも近年、情報・インデックス・データ等がキーワードになりつつあり、投資、証券、金融が主たる課題として研究される事例が増えている。具体的には、不動産投資分析、リスクマネジメント、不動産投資インデックス、アセットマネジメント、プロパティマネジメント等、不動産投資市場に関連するテーマが2010年前後からのキーワードになっている[11]。

　我が国が人口の減少・高齢化の進展に直面する中で、不動産業は質的変化への対処が優先課題とされているが、研究領域も不動産を単に「モノ」

---

10) 日本不動産学会誌・通巻49号（1999年2月18日発行）において初めて「不動産証券化の現状と課題」を特集し、その後、度々、不動産投資・不動産金融分野の研究テーマを取り上げており、以降も当該キーワードが度々登場することになる。
11) 日本不動産学会のホームページ・記事一覧（日本不動産学会誌）を参照。
　　http://www.jares.or.jp/publication/reference_journal.html

としての利用と配置のあり方についての研究のみならず、「資産」・「金融商品」としての不動産の有効活用、投資・マネジメントを戦略的に展開していくための方法論という研究テーマが新たな軸として加わりつつある。

2　国際的な不動産政策分野の研究動向

(1) 諸外国の不動産学会の活動状況

　日本と同様に、国際的に見ても学会としての不動産政策分野の研究の歴史はそれほど長くない。国際的な不動産学会は、アメリカ不動産学会（ARES: American Real Estate Society）が1985年に設立される等、この三十数年間、国際的な不動産研究のネットワーク形成が進んでいる。

①IRES: International Real Estate Society（国際不動産学会）
　まず、国際不動産学会（IRES）は、各地域の国際不動産学会連盟として1993年に設立され、25年が経過しようとしている。IRESの目的は、国際的な不動産関係の研究・教育の協働・連携の促進、国際的な共通課題の不動産研究、研究者の国際間交流、不動産政策研究、不動産教育プログラムの確立と発展にある。近年示された「2014年戦略プラン」では、グローバルな不動産研究・教育における連携・協働を促進していくこと、会員へのサービス・リーダーシップをミッションとして各国・地域における不動産政策分野の研究の活性化を支援している[12]。

　IRES発足の背景は、1992年サンディエゴにおけるアメリカ不動産学会の国際委員会初会合の開催直後に学会所属教授らによって、その理念や構想が提唱され、1993年フロリダ州キーウェストにてIRES理事会設立が認められた。学会のガバナンスはアメリカ不動産学会が参考とされ、ヨーロッパ不動産学会設立とともにIRESの設立が正式に認められた。このように、国際不動産学会の運営、研究の方向性は、米国の不動産分野の研究者らが中心となって進められ、1994年にカリフォルニア州サンタバーバラに

---

12) International Real Estate Society　20th Anniversary Monograph（2014年）を参照。
http://www.iresnet.net/IRES_MONOG/IRES20_year.pdf

て初の理事会が開催された。その後、1995年6月にスウェーデンのストックホルムにおいて第1回の国際不動産学会の大会が開催され、姉妹提携する各国地域の学会が持ち回りで会議を開催している。

②AREUEA: The American Real Estate and Urban Economics Association（米国不動産都市経済学会）

米国では、アメリカ不動産学会の設立前から米国不動産都市経済学会（AREUEA）が不動産政策分野の研究をリードしてきた。AREUEAは1964年シカゴでの社会科学協会総会で発足され、不動産開発、都市計画、経済分野の情報分析のニーズから、当該領域における各会員の議論の場として発展した。その後も都市経済、不動産政策の課題に関心のある政府機関関係者、大学の研究者、実務家が情報収集・意見交換、論文発表の場として活動を続けている。AREUEAは、約55年もの歴史の中で、不動産研究、都市経済学研究の世界のリーダー的存在として研究の高度化・質的な発展に貢献している。中でも不動産経済学（Real Estate Economics: REE）は、1973年に世界で最初に発刊された不動産政策課題にフォーカスした研究ジャーナルとして位置付けられ、以後様々な不動産市場の課題を分析している。ジャーナル（REE）は研究者と業界有識者とのコミュニケーションの充実を推進しており、世界の8,000もの大学、金融機関、経済学研究者、図書館等で購読されて、そのネットワークは世界に拡大し続けている。

③ARES: American Real Estate Society（アメリカ不動産学会）

アメリカ不動産学会（ARES）は不動産関連研究者のリーダーが集まる学会として、日本不動産学会とほぼ同時期の1985年に設立されている。会員の多くは大学の研究者と実務家で、米国内と国際会員で成り立っている。不動産政策の政策判断につなげる知識や不動産市場を機能させるために必要となる情報・知識を普及する活動を展開することが当初の目的とされた。会員はJournal of Real Estate Practice and Education, Journal of Real Estate Research, Journal of Housing Research, International Real Estate Review等の購読が可能となっている。

ARESは世界の不動産政策研究をリードしており、約35年にわたって世界中の政府関係機関、学者・研究者に大きな影響を与えている。ARESは、約1,400人の職員・会員により運営されており、20人の部課長、15人のスタッフ、24人の任命委員、3人の国際理事会理事、そして14もの委員会での活動により支えられている。姉妹提携のある他の国・地域の学会3,000人超のメンバーと連携しながら、不動産政策研究・教育水準の向上に貢献している。

④PRRES: Pacific-Rim Real Estate Society（環太平洋不動産学会）
　環太平洋不動産学会（PRRES）は1993年に設立され、環太平洋地域の不動産研究者、不動産教育関係者、実務家に連携・共同研究の場を提供する組織となっている。豪州、ニュージーランド、ギニア、香港、タイ、中国、シンガポール、インドネシア、マレーシア、韓国、フィジー等各国の約130以上の会員が参加している。PRRESの会員は、ARES等の他の国際学会との連携によって国際的な不動産政策研究を展開しており、アジア太平洋地域での不動産政策研究の活性化を促している。

⑤ERES: European Real Estate Society（ヨーロッパ不動産学会）
　ヨーロッパ不動産学会（ERES）は1994年に設立されている。欧州の不動産関連の研究者と実務家らによる構造的・恒久的なネットワークの場をつくることが設立当初の目的とされた。欧州の不動産関連研究者や実務家に対し年次総会、出版物、データの提供を通じて、欧州における不動産関連政策研究の発展に貢献している。The Journal of European Real Estate ResearchがERESの協力によって会員に提供されており、その内容は欧州各国の不動産政策に影響を与えている。ERESは完全に非営利組織であり、不動産関連の学者、研究者、業界関係者との連携による不動産研究を推奨している。また、不動産、土地分野の研究者との情報交換を促進し、コミュニケーションを活性化している。欧州の不動産関係の学者のみならず実務家との共同セミナー等を数多く開催しており、不動産政策の質的な向上を目指している。2018年6月末には英国レディング大学にて25周年記

念大会を開催し、欧州のみならず世界各国の大学・不動産研究センター研究者からの論文発表や、ネットワーク形成が行われる。

⑥AsRES: Asian Real Estate Society（アジア不動産学会）
　アジア不動産学会（AsRES）は1996年に設立されたアジア地域の国際的な不動産研究学会である。アジアにおける不動産関連の知識を共有する目的で設立された組織で、アジアの不動産市場を学びたい者に学習の場を提供し、アジアの不動産研究・教育関係、不動産事業者の交流の場をつくっている。60名のメンバーからスタートし、その会員規模は急増している。香港、台湾、ハワイ、北京、東京、ソウル等でこれまで学会の大会が開催されており、毎年の年次総会開催により、アジア地域の国際的な不動産研究の発展に貢献をしている。2000年の北京での年次総会では、500名を超える参加者が256の論文を発表する等、世界の不動産政策研究の学会では最大規模の大会になってきている。1998年には、AsRESは初のジャーナル（International Real Estate Review）を発刊している。

⑦AfRES: African Real Estate Society（アフリカ不動産学会）
　アフリカ不動産学会（AfRES）は国際不動産学会系列5番目の学会として1997年に設立されている。アフリカの不動産関連研究者、実務家とのネットワークの場を提供する。America（ARES）、Asia（AsRES）、Europe（ERES）、the Pacific Rim（PRRES）、Latin America（LaRES）の学会とは姉妹関係にある。

⑧LARES: Latin American Real Estate Society（ラテンアメリカ不動産学会）
　ラテンアメリカ不動産学会（LARES）は2000年に設立されている。不動産研究者、実務家の情報や知識を共有するため、出版物や会議の場を提供し、南米地域における不動産関連研究のコミュニティづくりを行っている。不動産市場分析、不動産取引法務、不動産会社の課題、不動産開発アセスメント、都市開発、不動産金融、プロジェクト・マネジメント、国際的な不動産取引、環境不動産、研究手法の教育等に重点を置いている。

⑨MENARES: Middle East North Africa Real Estate Society（中東北アフリカ不動産学会）

　中東北アフリカ不動産学会（MENARES）は2004年に設立されている。UAE・ドバイ不動産規制庁幹部らを中心に中東関係者で発足したのが特徴である。2009年に北アフリカの不動産研究・教育関係者も会員とする組織拡充を経て、ウェブサイトの構築・ジャーナル出版・セミナー開催等を実施している。

（2）米国を中心とした諸外国の不動産研究の傾向

　前述のローレンスS.バコウ（Lawrence S. Bacow）教授は、「アメリカ合衆国における不動産教育の現状」の講演の中で、「不動産業は、大変に重要であり、なおかつ複雑な産業」であるとし、「この産業の商品は、家族、ビジネス、そして産業の活動の場所、つまり、生活必需品の一つである」と指摘している。また、「この商品は、社会の中で最も耐久性が高くまた人の目につきやすいものでもあり、誤った開発が行われた場合には、それは何世紀にも及んで人の目にさらされ……反対に、良い仕事が行われた場合には、良い環境をつくり、みんながそれを楽しむことができる」とし、不動産教育・不動産研究の重要性を述べている。さらに、米国の不動産業は1970年代から継続的に伸びたため、あらゆる種類の投資対象の中でも素晴らしい投資パフォーマンスとしての成果を出し、銀行や証券会社、年金基金の注目を集めたこと、同時に米国内における金融制度の規制を緩和したことが、金融機関が不動産の共同開発者・投資家として積極的な役割を果たすようになっただけでなく、これらの株式市場に上場する企業の株主に対する責任からも、新しい投資の機会を求めて、不動産開発について積極的に研究し、分析しなければならなくなってきたことが米国の不動産研究の発展の背景にあることを指摘している[13]。つまり、金融機関が不動産開発ビジネスに参入するようになったことが契機となって、不動産について

13）　ローレンスS.バコウ（Lawrence S. Bacow）「アメリカ合衆国における不動産教育の現状」
　　 日本不動産学会誌第1巻第1号（1985年）23-24頁参照。
　　 https://www.jstage.jst.go.jp/article/jares1985/1/1/1_1_23/_pdf/-char/ja

の十分な知識と経験を持つ者に対する需要が高まり、金融機関自らが学術的な研究を利用し、またその研究を支援するようになったことが研究内容にも影響を与えたとしている。

　日本と米国との比較でよく指摘されるのが、不動産関係の職業における社会的な位置付けや評価の違いであり、米国では、不動産（Real Estate）は、金融（Finance）や保険（Insurance）とともに、人々の重要な資産を扱う専門性の高い職業・職域であると認識されており、これらの頭文字を取って、「FIRE」とも呼ばれている。不動産は高額な財産であり、個人のみならず社会全体・地域経済にとっても重要なものであるため、これを取り扱う職業人には、高度な専門知識や倫理観が要求され、その結果として、高い社会的な評価につながっている[14]。

　こうしたことから、前述のマイケル・ジョロフ（Michael Joroff）教授が33年前に講演した時から既に述べているように、MITのみならず米国の不動産研究の傾向として、金融機関も含めた不動産業界の人々と研究者が一堂に会し、研究課題を話し合う体制が初期から構築されており、「業界と学界の関心事は異なっているが、話し合いが進むにつれて、研究の意欲をそそり、かつ、産業界の役立つような問題が形作られていく」としている[15]。具体的には、①不動産業自体がいかに変化しているか、あるいはどう変化していくかという問題から始まり、②不動産需要、つまりどこで空間に対する需要が喚起されているのか、住宅需要の変化等をどのように解釈すればいいのかという不動産市場分析についての課題、③公共の利益の保護と産業が創造的であり続けるために規制はどのようなものであるべきかという規制

---

[14] 中山善夫「わが国の不動産教育に関する一考察〜「からくさ不動産塾」のチャレンジ：次世代のリーダー育成」ARES 不動産証券化ジャーナルVol.37, 57頁参照。
　米国不動産業界では1913年に制定されたCode of Ethics（倫理綱領・行動規範）が毎年のように改正され、業界全体の倫理教育が活発に行われている。
　https://www.nar.realtor/sites/default/files/documents/2018-Code-of-Ethics-and-Standards-of-Practice.pdf
　https://www.nar.realtor/sites/default/files/documents/2017-CEAM-final.pdf
　機関誌RETIO No.106（2017年7月）「宅地建物取引業における職業倫理と内部統制」参照。
　http://www.retio.or.jp/attach/archive/106-072.pdf
[15] マイケル・ジョロフ（Michael Joroff）「最近における不動産研究の課題」日本不動産学会誌第1巻第1号（1985年）28頁参照。

と法律の問題、④米国内の定住パターンの変容、オフィス所在地の変化等の開発の動向の分析問題、⑤既存の建物の修復、改築、再利用またはその評価も含めた管理及び保守についての問題、⑥不動産投資市場においてポートフォリオ・マネジャーがどのように資金運営を行い、バランスを取るべきかという不動産金融の課題等を中心に1980年代から不動産研究を展開していると述べている。また、これらの研究課題の設定や研究の質は、学界と産業界との相互フィードバックにより向上されるものであるとしている。ディベロッパー、金融機関等の不動産市場関係者の経験から得たものを分かち合い、不動産事業に従事している人たちから学ぶという研究の姿勢と産学連携による共同研究というスタイルを重視している。

(3) 米国大学内における不動産研究拠点の広がり

米国における不動産研究拠点は主に不動産業界、各大学卒業生が主なスポンサーとなって形成されている各大学の不動産研究機関が中心的な役割を果たしており、不動産市場分析、法規制、不動産投資スキーム等の研究が行われている。各研究拠点では大学教授・研究者のアドバイスのもと様々な不動産研究が展開され、研究拠点での学生、業界関係者の共同研究による理論と実務との情報交換により、新たなイノベーション創出の場として機能している。また、不動産関係の知識の共有、理論と実務とのギャップの理解が、不動産研究の発展に不可欠な要素として考えられている。

図表1の大学が、全米において関係者に浸透している主な不動産研究拠点である。これで全てではないが、卒業生や不動産業界関係者による寄付、研究資金の確保・支援が行われ、様々な不動産市場分析や研究の質的向上により、研究成果が出始めているところである。

(4) 米国の不動産教育・研究の歴史

歴史的に米国内の不動産教育・研究領域は、ビジネス、建築、都市計画の分野ではマイナーな分野であったと言われている。しかし、ビジネススクールにおける不動産教育水準の問題、MBA卒業生の不動産ビジネスにおける体系的な知識不足、産業界・学界において不動産ビジネスの理論と

図表1 米国における不動産研究拠点の例

不動産研究センター・ネットワーク組織名	大学名
Guthrie Center for Real Estate Research	Northwestern University
Center for Urban Real Estate (CURE)	Columbia University
Real Estate Academic Initiative	Harvard University
MIT Center for Real Estate (CRE)	MIT
Fisher Center for Real Estate & Urban Economics	University of California, Berkeley
The Center for Real Estate and Finance (CREF)	Cornell University
Center for Real Estate Entrepreneurship	George Mason University
The Richard H. Pennell Center for Real Estate	Clemson University
NYU Schack Institute of Real Estate	New York University
The Graaskamp Center for Real Estate	University of Wisconsin-Madison
Lusk Center for Real Estate	University of Southern California
Burnham-Moores Center for Real Estate	University of San Diego
Runstad Center for Real Estate Studies	University of Washington
Colvin Institute of Real Estate Development	University of Maryland
The Center for Real Estate Education and Research	Florida State University
Bergstrom Center for Real Estate Studies	University of Florida

(出典) 各大学の情報をもとに筆者作成

事業プロセスの重要性が指摘され始め、この数十年における米国社会での不動産業界の地位の向上と各大学の研究拠点の形成が、不動産教育・研究レベルの質的改善の必要性についてのコンセンサスにつながっていった。

図表1の中では1967年にニューヨーク大学のthe NYU Schack Institute of Real Estate（シャック不動産研究所）が初めて体系的な1年・2年の不動産教育コースを開始してから、1983年にはマサチューセッツ工科大学（MIT）のCenter for Real Estateがこれに続き、Harvard University（1983）、Texas A&M University（1984）、Columbia University（1985）、the University of Southern California（1986）、Johns Hopkins University（1989）、Cornell University（1996）等が単独の大学院レベルの不動産教育課程を導入していった。1990年代に特に不動産教育・研究への関心が高まり多くの学生が集まって教育が盛んに行われた。2008年のリーマンショックを契機

とした不動産市場の停滞により多少の影響が生じたものの、それでも2000年代後半以降も各大学・研究機関での不動産研究の充実が展開され続けている。

(5) 代表的な他国の不動産研究拠点

こうした不動産研究拠点の形成は、米国内に止まらずその他の国々でも進んでおり、The Real Estate Academic Leadership (REAL) Rankings for 2013-2017（世界の不動産学術研究機関ランキング2013-2017年）によると、シンガポール国立大学が第1位とされるほか、英国レディング大学が第4位、香港大学が第9位にランキングされている等、米国以外でも不動産研究の充実が進んでいる[16]。

①シンガポール国立大学（National University of Singapore：NUS）は元々1905年に設立されたシンガポールの総合大学で、アジアで最も高い評価を受けており、東南アジア諸国、中国、欧米、アフリカ等100ヶ国以上から留学生を迎え、国際色豊かな大学として成長を続けている。11の学部とスクール、研究所、図書館、学生寮、食堂、病院、プール等のレクリエーション施設の建物等が広大な敷地内に集まる。多くの卒業生がシンガポール政府、金融セクター、グローバル企業に就職する。アメリカのコロンビア大学、英国のロンドン・スクール・オブ・エコノミクス、フランスのパリ政治学院の3大学とともに、グローバル・パブリック・ポリシー・ネットワーク（GPPN）を形成しており、大学間では、行政修士（MPA）のデュアル・ディグリー（ダブル・ディグリー）制度がある。2009年11月に東京大学公共政策大学院との間でダブル・ディグリー制度の導入に関する覚書を締結し、最近では日本からも政府機関を中心にNUSへの留学生が増えている。不動産研究所（IRES: Institute of Real Estate Studies）[17]は国際的なトップレベルの研究拠点として名高い。トップにランキングされている背景としては、IRESやDepartment of Real Estate等が中心となり、英語による共同研究、

---

16) Jesse Saginor, The Real Estate Academic Leadership (REAL) Rankings for 2013-2017, Journal of Real Estate Literature Vol. 25, Number 2, 2017, pp327-333.

17) http://www.ires.nus.edu.sg/

引用論文件数の増加、諸外国の研究機関・大学との共著論文の件数の増加が要因として挙げられている。

②香港大学（The University of Hong Kong: HKU）は、1911年に設置され、香港最古の大学として、世界大学ランキングでも上位にある。慶應義塾大学と韓国の延世大学の3大学合同で東アジア研究プログラム（Three-Campus Comparative East Asian Studies Program）を行っているほか、最近はDepartment of Real Estate and ConstructionやRonald Coase Centre for Poperty Rights Research[18]が中心となり、不動産研究にも熱心に取り組んでいる。2013年にこれまでの建築学部の教授に加えて、法学部、経済・経営学部の教授陣らとの分野横断的な研究体制を再構築し、名前・体制を見直すだけでなく、国内外の不動産関連研究機関との連携による共同研究をスタートし学際的な研究に取り組んでいる。

③レディング大学（University of Reading: 英国）は、1892年にオックスフォード大学のカレッジの一部として設立された大学で、1926年に独立した教育機関となり、現在のUniversity of Readingとなった。2011年のthe Times Higher Education World University Rankingsによれば研究型の大学としてイギリス国内でトップ10にランクインし、研究の質が高く評価されている大学である。レディング大学には約1万7,000人の学生が在籍し、そのうちのおよそ15％は140ヶ国以上から来ている留学生の多い国際色豊かな大学として有名である。不動産研究拠点としても有名で、Henley Business Schoolには1968年にSchool of Real Estate & Planning[19]が置かれ、学際的・国際的な不動産研究が展開されている。米国に中心拠点を置く不動産研究機関でもあるUrban Land Instituteからは常に高く評価され、また、Royal Institution of Chartered Surveyors（RICS）、Royal Town Planning Instituteからも認定を受ける等、英国関係機関との連携による教育・研究が進んでいる。2018年にヨーロッパ不動産学会（ERES）の25周年記念年次総会がこのレディング大学で開催される予定（2018年6月）で、英国のみならず、欧州の代表的な不動産研究拠点になりつつある。

---

18) http://fac.arch.hku.hk/creue/
19) https://www.henley.ac.uk/school/real-estate-and-planning

3　不動産研究の今後の課題

（1）近年の国際的な不動産研究の傾向

　これまで見てきたように、英米両国を中心に1960年代から大学を中心に不動産分野の研究が始まり、1985年前後から日本を含めて世界各国で不動産学会が設立され、間もなく35年が経過しようとしている。一方、Richard Ratcliffは1966年に開催された米国不動産都市経済学会にて「不動産は都市経済学の突然変異体であり、明確に定義されない学問分野だ」と述べている。Richard Ratcliffは、米国の不動産研究を牽引してきた学者とも言われており、研究課題の7割が不動産経済・不動産経営関連、2割が不動産法制、残りがその他分野であると指摘している。その後90年代にも多くの学者が、不動産学の定義や体系化を試みたが、不動産研究の方向性、掘り下げていくべき課題は幅広く、体系的な整理は未だ模索中で発展段階と言えるかもしれない。

　米国での不動産研究の課題は、不動産本来の土地・空間利用活動とその活動から生じる資本の流れの両方を捉えることの重要性が指摘されている[20]。また、同時期に、非常に複雑で多岐にわたる不動産研究の分類・整理を、Julian Diaz教授は「不動産活動モデル」により行っており、不動産を土地・空間利用に関する様々な経済活動が市場を通じてつながった一つのプロセスとして捉えている。すなわち、不動産研究の対象は、①不動産開発・取引を行おうとする「起業家的活動」がまず存在し、②その経済活動のプロセスに欠かせない資本を提供する金融機関による「融資活動」、③機関投資家・個人投資家からの「投資活動」、④不動産開発・取引等の活動を支えるインフラ、サービス、法規制等を整える「統治（行政）活動」、そして、⑤不動産開発・取引をサポートするサービスを提供する「専門家活動」、⑥不動産開発・取引活動により空間の提供を受け、それに対する対価・賃料等を支払う「消

20）Terry V. Grissom (1993), Georgia State University, Economic Forecasting Center, Real Estate Research CenterはSpace-TimeからMoney-Timeへの変換と呼んでいる。森政貴教授（University of Singapore）からのヒアリング（2018年2月）による。

図表2　不動産活動モデルによる研究領域

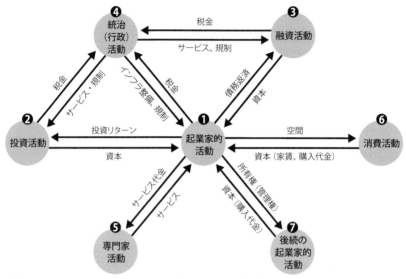

(出典) Julian Diaz, The real estate activities model (1993) 等により作成

費活動」、⑦自らリスクを負って活動可能な空間を売買・管理し消費者に提供する「後続の起業家的活動」に分類・整理できるとしている[21]。不動産活動モデルは25年前に整理された不動産研究領域を示す一つの例であるが、こうした考え方に分類・整理し、不動産研究が展開されている。

また、これまでの不動産研究の焦点は不動産活動モデルの2つの要素である「経済活動」と「市場」のいずれかに分類でき、不動産研究の目的は、知識の創造・蓄積を行う科学的研究の「記述」か、知識を応用し効率的な意思決定法を示す工学的研究の「規範」に分類できると指摘されている（図表3）[22]。これらの2つの研究焦点と2つの研究目的に整理することによって、不動産研究の領域が4つのタイプに分類されている。

---

21) Julian Diaz (1993) Science, Engineering, and the Discipline of Real Estate, Journal of Real Estate Literature, Vol.1, pp.183-195及び森政貴「アメリカ不動産学教育の現地レポート第二回」ARES Vol.20 March-April (2006) 等を参照。
22) Julian Diaz (1993) Science, Engineering, and the Discipline of Real Estate, Journal of Real Estate Literature, Vol.1, pp.188-189参照。

図表3　不動産研究の分類

<table>
<tr><td rowspan="3">研究目的</td><td colspan="3">研究焦点</td></tr>
<tr><td></td><td>経済活動</td><td>市場</td></tr>
<tr><td>

記述

規範

</td><td>

Ⅰ
活動―科学

Ⅲ
活動―工学

</td><td>

Ⅱ
市場―科学

Ⅳ
市場―工学

</td></tr>
</table>

(出典) Julian Diaz, The real estate activities model（1993）等により作成

Ⅰ．活動―科学

　この領域での研究の焦点は不動産活動モデルの経済活動そのものであり、個人や企業・組織の行動に関する研究である。また、研究目的はそれらの実際の行動・経済活動を記述すること（科学的研究手法によって実際の行動に関する知識を創造・蓄積すること）である。このタイプの研究例として、例えば、米国において住宅ローンの借り手が歴史的低金利下で固定金利ローンより変動金利ローンを選ぶ傾向にあることについての調査研究や、不動産鑑定士の実際の鑑定手続きと規範的な鑑定プロセスを比較する研究等が挙げられる。Behavioral Approach（行動科学的アプローチ）とも呼ばれている実証研究の領域である。

Ⅱ．市場―科学

　ここでの研究の焦点は、不動産活動モデルの市場、つまり複数の個人や企業・組織の市場を介した取引・交流の結果として、市場で観察できる価格やキャッシュフロー等である。研究目的は知識を創造・蓄積することであり、研究例としては、不動産投資信託（REIT）インデックスに関する研究、家賃の変化と空室率の変化の関係を調査する研究等が挙げられる。このタイプの研究はファイナンスや不動産における伝統的な実証研究であり、米国不動産学界の主流の研究領域となっている。ファイナンス理論をベースとして市場の価格動向を分析する不動産ファイナンスの研究が、特に2000年代以降、各ジャーナル[23]で充実している。

Ⅲ. 活動─工学

　タイプⅠと同じくここでの研究の焦点は不動産活動モデルの経済活動そのものである。研究目的は、蓄積された知識を応用してなんらかの規範を示すことである。具体的には、工学的な研究では、不動産意思決定に関わるテクニックやツールを開発するような研究、その他、不良債権を効率的に処分する方針を提唱する研究、インフレーション下での不動産投資戦略を提唱する研究等が挙げられ、意思決定に関わる手順、方針やモデルの構築や改善が研究の中心となる。

Ⅳ. 市場─工学

　ここではタイプⅡと同じく研究の焦点は不動産活動モデルの市場で観察できる価格やキャッシュフロー等である。研究例としては、不動産価格モデルを構築する研究やモーゲージ証券の期限償還モデルを構築する研究等が挙げられる。このタイプの研究は金融工学（ファイナンシャルエンジニアリング）として積極的に行われている。

(2) 今後の課題

　米国では不動産においても市場レベルの価格・キャッシュフローのデータ整備・公開が加速度的に進んできたことが、不動産研究者がファイナンス学部、経営大学院（ビジネススクール）に所属する要因として考えられ、不動産分野の研究では、不動産ファイナンス研究がこの二十数年間で確立された理論と研究手法により主流になりつつある。

　一方、不動産の活動は、市場での融資活動、投資活動だけが中心ではなく、政府の規制・役割（統治・行政活動）、一般消費者の消費活動、不動産を開発・保有する起業家的活動とそれをサポートする専門家活動、管理・保全に関わる後続の起業家的活動とそのプロセスがそれぞれ効果的に機能

---

23) Journal of Housing Research, Journal of Property Research, Journal of Property Investment & Finance, Journal of Property Management, Journal of Real Estate Education & Practice, Journal of Real Estate Finance & Economics, Journal of Real Estate Literature, Journal of Real Estate Portfolio Management, Journal of Real Estate Research, Journal of Urban Economics 等の、各種国際不動産研究ジャーナルを参照。
http://www.iresnet.net/journals.htm

し合うことで健全な不動産活動と市場が担保されており、これらの活動とプロセスを対象とした研究がバランスよく探求されることが望まれる。

このことは、1984年に日本不動産学会が設立趣旨に挙げている通り、不動産政策分野の研究においては、「不動産の保有・利用・開発・整備・保全に関する諸問題を広く取り上げる」ことが求められている。我が国については、日本不動産学会設立以降、非常に多岐に渡る学識経験者・専門家との分野横断的な不動産研究実施体制が構築できていることが、不動産ビジネス・ファイナンス分野にやや偏っている他国の不動産研究に比較した場合の強みとも言える。こうした強みを活かしながら、不動産開発・取引関係のみならず、金融・保険等の分野も含めた不動産市場関係者の現場での経験を踏まえた課題設定・研究テーマの提案とその実証という学界と産業界との相互フィードバック、欧米諸国で展開されているような産学連携による共同研究システムを模索することで、現代的課題の解決に貢献できる可能性があると考える。不動産市場の様々な諸課題に対して有効かつ柔軟に取り組めるよう、国際的な研究動向も参考にしつつ、分野横断的な産学官の知を結集した不動産研究が進んでいくことが期待される。

[参考文献]
1. 世界不動産学会の歴史と近年の展開 (2014)
   http://www.iresnet.net/IRES_MONOG/IRES20_year.pdf
2. 国際不動産ジャーナル
   http://www.iresnet.net/journals.htm
3. Dasso, J. and Woodward, L. (1980) "Real Estate Education: Past, Present and Future-The Search for a Discipline." AREUEA Journal, 8, 404–416.
4. Diaz, J. Ⅲ (1993). "Science, Engineering, and the Discipline of Real Estate." Journal of Real Estate Literature, Vol.1, pp:183–195.
5. 日本不動産学会誌
   https://www.jstage.jst.go.jp/browse/jares/-char/ja/
6. 森政貴「アメリカ不動産学教育の現地レポート」(第1回〜第4回) (2006年-) ARES Journal. Vol.19 pp25-30, ARES Journal. Vol.20 pp9-13, ARES Journal. Vol.21 pp24-28, ARES Journal. Vol.22 pp32-36を参照。

著者略歴（執筆順）

升田 純 (ますだじゅん)

中央大学法科大学院 教授／弁護士
1950年生。京都大学法学部卒業。法務省民事局参事官、東京高裁判事等を経て、1997年弁護士登録。同年より聖心女子大学文学部教授、2004年より現職。著書に『詳解 製造物責任法』（商事法務研究会）、『高齢者を悩ませる法律問題』（判例時報社）、『自然災害・土壌汚染等と不動産取引—現代型リスクをめぐる判例』（大成出版社）。

小柳 春一郎 (こやなぎ しゅんいちろう)

獨協大学法学部教授
1954年生。東京大学大学院法学政治学研究科博士課程単位取得（博士（法学、東京大学））、山梨大学教育学部助教授等を経て現職。著書に『震災と借地借家——都市災害における賃借人の地位』（成文堂、日本不動産学会著作賞）、『原子力損害賠償制度の成立と展開』（日本評論社）。

岡本 正治 (おかもと まさはる)

弁護士（大阪弁護士会所属）
関西大学法学部卒業、同大学大学院法学研究科修士課程修了。著書に『不動産売買の紛争類型と事案分析の手法』『逐条解説宅地建物取引業法』『詳解不動産仲介契約』（いずれも大成出版社、共著）等。

吉田 修平 (よしだ しゅうへい)

吉田修平法律事務所 代表弁護士／政策研究大学院大学客員教授
1952年生。早稲田大学法学部卒業、1982年弁護士登録、第一東京弁護士会所属。1986年吉田法律事務所開設。2007年政策研究大学院大学客員教授。1994年東京家庭裁判所調停委員、2001年終身建物賃貸借検討委員会委員（国交省）、2005年高齢者専用賃貸住宅研究会委員（国交省）、2006年競売制度研究会委員（法務省）、2007年相続関連事業承継法制等検討委員会委員（経産省）、2011年サービス付き高齢者向け住宅の登録制度に係る参考とすべき入居契約書等の検討会委員（国交省及び厚労省）、2011年マンションの新たな管理ルールに関する検討会委員（国交省）等。著書に『民法改正と不動産取引』（金融財政事情研究会）、『2016年改正 新しいマンション標準管理規約』（有斐閣、共著）、『新基本法コンメンタール 借地借家法』（日本評論社、共著）、『最近の不動産の話』（金融財政事情研究会、吉田修平法律事務所著）、『不動産相続の法律実務』（学陽書房、共著、資産評価政策学会著作賞）、『Q&Aサービス付き高齢者向け住宅のすべて』（金融財政事情研究会、吉田修平法律事務所著）、『中間省略登記の代替手段と不動産取引』（住宅新報社、共著／日本不動産学会著作賞・都市住宅学会著作賞・資産評価政策学会著作賞）、『実務注釈定期借家法』（信山社、共著／都市住宅学会著作賞受賞）等。

柴田 龍太郎 (しばた りゅうたろう)

深沢綜合法律事務所代表弁護士 1952年生。早稲田大学法学部卒。検事、司法研修所弁護教官、司法試験考査委員等を経て平成29年度司法修習生考試委員。著書に『わかりやすい売買契約書の書き方』（大成出版社）、『民法［債権法］改正による不動産実務の完全対策』（プログレス）等。

田村 幸太郎（たむら こうたろう）

牛島総合法律事務所弁護士

1957年生。東京大学文科一類（法学部）卒。1983年弁護士登録。『不動産証券化の法的基礎』（勁草書房）、『不動産証券化のための最新SPC法解説』（大成出版社）、『不動産ビジネスのための金融商品取引法入門』（ビーエムジェー）。

熊谷 則一（くまがい のりかず）

涼風法律事務所弁護士

1964年生。東京大学法学部卒。建設省不動産業課勤務を経て、1994年4月に弁護士登録（第二東京弁護士会）。著書に『逐条解説一般社団・財団法人法』（全国公益法人協会）、『判例から学ぶ 宅建業者の調査・説明義務』（住宅新報社）等。

中城 康彦（なかじょう やすひこ）

明海大学不動産学部教授

1954年生。名古屋工業大学大学院工学研究科修士課程修了、博士（工学）。日本不動産研究所等を経て現職。著書に『建物の鑑定評価必携』（建設物価調査会、共著）等。

中川 雅之（なかがわ まさゆき）

日本大学経済学部教授

1961年生。日本大学経済学部教授。1984年京都大学経済学部卒業、経済学博士（大阪大学）。1984年建設省入省後、大阪大学社会経済研究所助教授、国土交通省都市開発融資推進官等を経て、2004年から現職。専門は、都市経済学と公共経済学。著書に『都市住宅政策の経済分析』（日本評論社／日経・経済図書文化賞、2003年NIRA大来政策研究賞）。

浅見 泰司（あさみ やすし）

東京大学大学院工学系研究科教授

1960年生。ペンシルヴァニア大学Ph.D.。東京大学空間情報科学研究センター教授等を経て現職。専門は、都市計画、住宅政策、空間情報科学。著書に『都市工学の数理：基礎編』（日本評論社）、『都市の空閑地空き家を考える』（プログレス）、『地理情報科学：GISスタンダード』（古今書院、編著）。

松尾 弘（まつお ひろし）

慶應義塾大学大学院法務研究科教授

1962年生。一橋大学大学院法学研究科博士後期課程単位取得退学。民法、開発法学を専攻。著書に『民法の体系（第6版）』（慶應義塾大学出版会）、『良い統治と法の支配』（日本評論社）、『開発法学の基礎理論』（勁草書房）、『基本事例から考える損失補償法』（大成出版社）等。

柳川 範之（やながわ のりゆき）

東京大学大学院経済学研究科教授

1988年慶應義塾大学経済学部通信教育課程卒業。1993年東京大学大学院経済学研究科博士課程修了。経済学博士（東京大学）。慶應大学専任講師、東京大学助教授等を経て、現職。著書に『ブロックチェーンの未来』（日本経済新聞出版社、共編著）等。

清水 千弘（しみず ちひろ）

日本大学スポーツ科学部教授／マサチューセッツ工科大学不動産研究センター研究員

1967年生。東京工業大学大学院理工学研究科博士後期課程中退。東京大学博士（環境学）。専門は、指数理論、不動産経済学。著書に『不動産市場の計量経済分析』（朝倉書店、共著）。

齊藤 広子（さいとう ひろこ）

横浜市立大学国際総合科学部教授

筑波大学第3学群社会工学類都市計画専攻卒業、大阪市立大学大学院生活科学研究科修了。岐阜女子大学家政学部住居学科助教授、明海大学不動産学部教授、英国ケンブリッジ大学客員研究員等を経て現職。博士（学術）・博士（工学）・博士（不動産学）。著書に『生活者のための不動産学への招待』（放送大学教育振興会）、『初めて学ぶ不動産学』（市ヶ谷出版社）等。

小林 正典（こばやし まさのり）

一般財団法人不動産適正取引推進機構 研究理事兼調査研究部長

1970年生。ハーバード大学大学院修了（都市計画・都市政策専攻）。国土交通省土地・建設産業局不動産業課不動産政策調整官、不動産市場整備課不動産投資市場整備室長等を経て、現職。著書に『既存住宅市場の活性化』（東洋経済新報社、共編著）等。

索引

【A～Z】

MLS (Multi Listing Services)　124, 125
『RETIO』　8, 200

【あ】

空き地（空地）　16, 98, 129, 130, 139, 140, 143, 145, 148, 151, 178, 180
空き家（空家）　98, 102, 118, 119, 129, 130, 139, 140, 143, 145, 148, 151, 160, 175, 178, 180, 186, 187, 188
空家等対策の推進に関する特別措置法（空き家対策法）　187
アジア不動産学会（AsRES）　198
アフリカ不動産学会（AfRES）　198, 199
アメリカ不動産学会（ARES）　195, 196

【か】

外国人土地法　8, 9, 11
改正民法　51, 52, 58, 89
開発法学　138, 139
瑕疵担保責任　26, 32, 51, 53, 55, 57, 61, 79, 81, 86, 90, 185
片手媒介　34
環太平洋不動産学会（PRRES）　197, 198
既存住宅取引　123
既存住宅流通市場　119
金融商品取引法（金商法）　66, 67, 68, 69, 72, 73, 74, 76, 77, 78
金融政策　171, 172, 173, 174
契約不適合責任　53, 54, 55, 58, 61, 62, 64
現状有姿売買　27, 82
憲法義解　14, 21
耕地整理法　23
国際不動産学会（IRES）　195, 196, 198, 203
国税滞納処分法　20
コンパクトシティ化政策　130

【さ】

事業用借地権　36, 40, 41, 42, 43
事業用定期借地権　41, 42, 43
資産流動化法　78
借地借家法　36, 37, 41, 43, 186, 193
住居学　177, 178
終身借家権　36, 48, 49, 50
住生活基本計画　115, 117, 118, 119
消費者契約法　60, 61
所有者不明　11, 102, 133, 139, 140, 143, 144, 148
人工知能　155
心理的瑕疵　12, 86, 88, 91
森林法　23, 80
スマートコントラクト　154, 159
住まい学　177, 178
説明義務　27, 33, 36, 47, 78, 79, 90, 91, 93, 94, 95
責めに帰すべき事由　53, 55, 56, 57
双方媒介　34, 35

【た】

宅地建物取引業者（宅建業者）　25, 26, 27, 28, 29, 30, 31, 32, 33, 34, 35, 54, 56, 61, 65, 79, 90, 92, 93, 94, 104
宅地建物取引業法（宅建業法）　25, 26, 27, 29, 30, 31, 32, 33, 35, 56, 57, 61, 65, 66, 69, 72, 73, 78, 91, 93, 95, 115, 185, 192
建物状況調査　56, 57, 64, 95, 185
建物譲渡特約付借地権　36, 37, 38, 39, 40, 41
地券制度　15, 148

地租改正条例　　17, 18, 146
仲介業者　　64, 65, 90, 91, 92, 93, 94, 95
中東北アフリカ不動産学会（MENARES）
　　199
定期借家権　　36, 38, 39, 40, 42, 43, 44,
　　45, 46, 194
テクノロジー　　123, 124, 125, 153, 154,
　　157, 159, 160
デジタル化　　152, 153
倒産隔離　　74, 76
都市計画　　104, 112, 128, 129, 130, 131,
　　132, 133, 134, 141, 142, 143, 145, 170,
　　175, 181, 193, 194, 196, 201
都市再生政策　　130
土地基本法　　102, 142, 145
土地神話　　129, 142, 162, 163, 164, 194
土地の所有権　　4, 5, 6, 9, 10
土地所有権　　13, 14, 16, 17, 20, 21, 22,
　　23, 24, 145, 147, 148, 149, 151
土地法　　2, 13, 147, 148, 149
土地本位制　　142, 143, 147, 148
取引の公正　　25, 26, 27, 28, 29, 30, 31,
　　32, 33, 34, 35, 78

【な】

日本不動産学会　　98, 99, 100, 102, 190,
　　191, 192, 193, 196, 209
日本不動産学会誌　　100, 192
農地中間管理機構　　144

【は】

バブル経済　　3, 4, 69, 78
東日本大震災　　7, 134, 181
ビッグデータ　　123, 155
フィンテック　　152, 153, 154, 156
標準売買契約書　　58
不動産開発政策　　138
不動産価格指数　　171, 173, 175
不動産学　　98, 99, 100, 102, 104, 106,
　　108, 110, 112, 113, 114, 132, 178, 190,
　　191, 192, 205
不動産管理事業　　11
不動産市場のダイナミクス　　164, 165,
　　167, 175
不動産信託受益権　　67, 69, 70, 71, 73,
　　74
不動産神話　　4
不動産政策（研究）　　98, 100, 102, 114,
　　115, 117, 128, 129, 130, 131, 132, 133,
　　134, 135, 138, 139, 140, 143, 149, 164,
　　173, 174, 175, 177, 178, 182, 184, 188,
　　189, 190, 192, 193, 194, 195, 196, 197,
　　198, 209
不動産適正取引推進機構　　7, 8, 51
不動産テック　　152, 159
不動産登記法　　2
不動産特定共同事業法（不特法）　　67,
　　68, 69, 72, 74, 77
不動産バブル　　69, 139, 140, 163, 164,
　　168, 169, 170, 171, 174
ブロックチェーン　　154, 155, 156, 158,
　　159
米国不動産都市経済学会（AREUEA）
　　196, 205
法定借家権　　36, 38, 39, 40

【ま】

明海大学不動産学部　　98, 102, 113, 189,
　　190

【や】

ヨーロッパ不動産学会（ERES）　　197,
　　204

【ら】

ラテンアメリカ不動産学会（LARES）
　　198
立地適正化計画　　143

【編者紹介】
不動産政策研究会

不動産政策研究会は、一般財団法人 不動産適正取引推進機構に設置し、①不動産取引法務研究会、②不動産経済分析研究会、③不動産再生研究会、④海外不動産取引研究会の4分野に分けて、不動産取引の安全・安心に関する法的課題、不動産市場の経済的諸問題、不動産再生上の諸問題、国際的な不動産市場の課題等の研究を行っている。

不動産政策の各分野（法律学・経済学・都市計画・建築・行政学・金融政策等）の有識者・専門家を招いて、学際的な視点から、不動産市場で発生している現象・課題、今後の不動産政策のあり方等について議論・研究を進めている。

不動産取引・不動産市場に関わる産業界関係者、学界・研究者、官界・政策立案担当者、消費者・関連団体、弁護士等専門家らとの間のネットワークを構築し、今後の政策研究の充実を通じて、不動産取引の安全・安心が確保され、不動産市場の発展に貢献することを目指している。

（ホームページ）http://www.retio.or.jp/index.html

不動産政策研究 総論　不動産政策概論
2018年7月12日発行

編　者──不動産政策研究会
　　　　　浅見泰司・清水千弘・中川雅之・松尾　弘・小林正典
発行者──駒橋憲一
発行所──東洋経済新報社
　　　　　〒103-8345　東京都中央区日本橋本石町1-2-1
　　　　　電話＝東洋経済コールセンター　03(5605)7021
　　　　　https://toyokeizai.net/
装　丁………アイランドコレクション
ＤＴＰ………アイランドコレクション
編集協力………渡辺稔大
印刷・製本………藤原印刷
編集担当………井坂康志
Printed in Japan　　ISBN 978-4-492-96141-4

本書のコピー、スキャン、デジタル化等の無断複製は、著作権法上での例外である私的利用を除き禁じられています。本書を代行業者等の第三者に依頼してコピー、スキャンやデジタル化することは、たとえ個人や家庭内での利用であっても一切認められておりません。

落丁・乱丁本はお取替えいたします。